SI EL AMOR APRIETA NO ES DE TU TALLA

APRENDIENDO A AMAR SIN DOLOR

YOLI PRIEGO

ÍNDICE

AGRADECIMIENTOS

Primero que todo a Jehová mi Dios, a su hijo Cristo Jesús y al Espíritu Santo que están siempre conmigo, que me cuidan guardan, guían y protegen, todo lo que he logrado ha sido por su gracia y amor.

A mi hijo querido Miguel Ángel, porque siempre me apoya, me impulsa, está conmigo en todo momento, es mi compañero incondicional, es quien me sostiene de su mano cuando he estado a punto de rendirme, se monta en el barco de mis sueños y rema conmigo sin importar lo intenso de la tormenta, siempre está para mí y sus palabras solo son de respeto, admiración, cariño y comprensión.

A mi maravilloso padre que, aunque físicamente no está, lo tengo en mi corazón, en mí alma, en mí ser, y así como corren por mis venas su sangre, lo hacen por mi mente sus enseñanzas. No hay día que no lo tenga presente y su legado es uno de mis mayores tesoros.

A mi cariñosa madre que ha sido un pilar importante en mi vida, junto a mi padre me formaron educándome con valores y amor, mucho de lo que tengo y soy es gracias a ellos, saber que en todo momento puedo correr a sus brazos es una bendición.

A mi querido hijo Luis Algeber, a mis bellas nietas Paris Yolanda y Arya Victoria por estar en mí vida, por su amor, por su compañía, que me inspiran cada día, por tener la bendición de saber que son mi familia, y que la vida permite la continuidad de mi sangre.

Al equipo de personas que han ayudado a que esto sea posible.

A quienes con sus casos clínicos y experiencias de vida han contribuido a que esta obra llegue a su meta.

CAPÍTULO 1

¿QUÉ ES EL AMOR?

TODOS ALGUNA VEZ soñamos con el amor, desde niños hemos aprendido de acuerdo al contexto cultural el significado del amor, de ahí partimos y a lo largo de nuestras vidas así lo aplicamos, en ocasiones los sueños nos resultan maravillosos y creamos historias fascinantes que serían dignas de una película romántica, en otras aceptamos acciones que van muy lejos de lo que realmente es el amor y solo nos causan dolor, por eso es necesario para poder hablar del tema del amor, tenemos que poner en claro su concepto, que es y cuál es el significado correcto del mismo, la definición más común: De afecto universal que se tiene hacia una persona, animal o cosa. **Amor** también hace referencia a un sentimiento de atracción emocional y sexual que se tiene hacia una persona con la que se desea tener una relación o convivencia bajo el mismo techo, pero es más amplio el concepto pues la interpretación personal del amor va de acuerdo a muchos factores, entre ellos la cultura, como se concibe una relación amorosa, cual es el concepto aprendido del amor, cuáles son las creencias religiosas y espirituales, entre otros, de acuerdo a nuestra individualidad es que interpretamos, damos y recibimos amor.

Es un sentimiento que permite procesos bioquímicos y hormonales que provocan sensaciones en nuestro cuerpo y nos generan emociones. A nivel bioquímico inicia en la corteza cerebral y después continua su viaje hasta el sistema endocrino donde se transforma en respuestas fisiológicas que son provocadas por la segregación de dopamina que lleva a cabo el hipotálamo. Existen muchas disciplinas que explican el amor, por ejemplo, desde el punto de vista de la psiquiatría el proceso implica en la primera fase la reacción química que permite producir feniletilamina que es la que provoca la liberación de dopamina, que es una hormona natural, pero produce estado de euforia y bienestar parecidos a las anfetaminas.

Explicado lo anterior de una manera más simple decimos que todo empieza con una simple atracción física, de repente miramos una persona que llama nuestra atención y sin importar si ya la conocíamos o es alguien desconocido se inicia el proceso de atracción física, y cuando se fomenta la convivencia, el contacto visual y se van descubriendo coincidencias se convierte en una atracción personal. Cabe mencionar que dentro de este proceso al descubrir reciprocidad, afinidad, admiración y otros factores se dispara el enamoramiento.

El proceso del enamoramiento hablando de la pasión, tiene variantes y según algunas teorías puede durar aproximadamente entre seis y ocho meses, dependiendo de muchas situaciones particulares, por ejemplo de los factores que rodean a la pareja, su cultura, sus creencias, su forma de ser, la edad, la etapa de la vida que se esté viviendo, entre muchas otras cosas más, puesto que no esperamos lo mismo de una relación en todas nuestras etapas, pero esto no es del todo malo, solo significa que tenemos que conocernos más y convivir más de 8 meses para definir la relación, pues si durante estos meses pasamos tiempo juntos, nos conocemos, aprendemos a comportarnos, a reaccionar al comportamiento del otro, a ponernos de acuerdo, nos damos cuenta de las coincidencias que tenemos, detectamos nuestras diferencias, creamos vínculos mutuos, nos creamos metas en común, satisfacemos las necesidades del otro y creamos un compromiso con todos los valores morales y civiles, pasados estos meses hay una transición de amor pasional al amor de pareja que es el que aumenta la posibilidad de perdurar juntos más allá de la bioquímica, cabe mencionar que este proceso puede tardar más en darse en las personas más jóvenes, pues entre mayor sea la pareja, existe mayores sinapsis, madurez, experiencia y aumenta la posibilidad de tener mayor capacidad de compromiso y de saber exactamente qué tipo de relación se quiere.

Cuando se inicia la relación, tenemos tantas emociones que suele suceder que tengamos la sensación de algo desenfrenado, único y muy intenso, tanto que parece que esos raudales nunca se van a terminar, esto se da porque los órganos están a todo lo que dan, el torrente sanguíneo va cargado de serotonina que la llamada hormona de la felicidad, pero con el paso del tiempo la segregación de esta hormona se realiza en niveles cada vez más bajos, por eso es importante que en los primeros meses de la relación se defina el objetivo y propósito de la relación, pues lo que los une es lo que los va a sostener con el paso de los días.

Es importante tener en cuenta los síntomas, sensaciones y emociones que nos provoca el enamoramiento para poder ir midiendo en qué circunstancias nos encontramos, existen varios síntomas que las diferentes teorías describen se viven al estar enamorado (a), por eso si estas viviendo alguna de las reacciones que describimos a continuación, te tengo la noticia de que estás enamorado, para empezar vez a la persona y te gusta mucho, al grado que solemos pensar que es la persona más guapa del mundo, más linda, más educada y todo un príncipe o princesa, un deseo muy grande de reciprocidad, frecuentes pensamientos que distraen de las actividades cotidianas, con mucha facilidad se pierde la concentración, al tener enfrente a la persona se experimenta una fuerte actividad fisiológica, teniendo toda la atención en esa persona, se tiene temor al rechazo, se observa a detalle todo lo que hace dice, rasgos físicos, incluso al grado de idealizar al individuo y para finalizar un deseo de intimidad y contacto físico muy intenso.

"Nena una mujer hermosa, delgada, con anatomía hermosa, cabello brillante y bien cuidado, era la imagen atractiva que muchas mujeres desean, tenía muchos pretendientes pero manifestaba estar preparándose y luchando por sus sueños y no estaba interesada en iniciar una relación con nadie, pero al paso de los días conoció a un chico que le pareció el hombre más guapo del mundo, con hermoso, cabello, la boca más sexy que jamás hubiera imaginado, caminaba en medio de la feria del pueblo mientras sus miradas se cruzaban y de inmediato se evadían, sintió latir su corazón como nunca a una velocidad mayor que la de los caballos que competían en la carrera del momento, aunque muy nerviosa, camino entre la gente y a pesar del murmullo, la bulla, las porras, la música y el sonido del micrófono todo para ella parecía en silencio y la escena en cámara lenta, lo miraba acercarse entre mirada y mirada, observaba a detalle cada movimiento de su cuerpo y aunque había mucha gente sus sentidos ignoraban a las demás personas y se centraron en él, así pasaron los segundos hasta que no resistió y esbozo una sonrisa, nunca había experimentado estas sensaciones, todo era nuevo y diferente para ella, entre todas las emociones desbordadas sentía confusión y no sabía que estaba pasando en su cuerpo, parecía un día normal para los que estaban a su alrededor, una fiesta del pueblo como muchas otras, con un itinerario de actividades que poco variaba con el paso de los años, es más cada actividad era tan antigua que parecía como una tradición participar en ellas, pero su corazón parecía no entrar en su cuerpo y estar a punto de salirse, continuaba la gente yendo y viniendo, sin darse cuenta de lo que estaba sucediendo entre ella y aquel desconocido, la fiesta estaba en el punto de más fervor y las carreras de caballo seguían su curso una tras otra, ante la mirada eufórica de quienes disfrutaban el evento, de vez en cuando se suscitaba alguna discusión entre quienes apostaban pero el tiempo se detuvo en su cuerpo que ensimismado no salía de su asombro por sentir tantas emociones, cuando se dio cuenta lo tenía justo a su lado, al ver su mirada tan cerca su rostro se llenó de rubor y el tono de voz de ese "hola" fue el más lindo timbre de voz que nadie había tenido y de manera automática el estómago se llenó de mariposas revoloteando, el esbozo una sonrisa y extendió su mano al saludarla ella lentamente elevo la suya para estrecharse en un saludo, fue inexplicable lo que experimento, en ese primer contacto, se acalambró su cuerpo a la vez que sentía recorrer por todo su cuerpo miles de emociones juntas, fue maravilloso estar con él ese día, incluso sin conocerlo le permitió estar a su lado durante toda su estancia en dicha celebración campirana, platicaron por mucho tiempo y parecía que el tiempo no transcurría y solo querían seguir platicando, cada tema que tocaban les hacía sonreír, tenía la sensación de conocerse de toda la vida, que estaba en confianza y que podía platicar de todo con él sin cuidar ningún detalle, desde ese momento todo en ella cambio, y el flujo de las emociones no permitió tomar el control de su ser y de manera inevitable ese día le entrego su corazón sin límites, sin ponerse a ver más allá de lo que son las emociones, cuando aún no terminaba la fiesta llego el momento de despedirse, sin precaución alguna accedió a darle sus datos y numero de celular a ese desconocido, se fue al encuentro de las amigas con quienes había acudido a la fiesta y empezaron a caminar, ellas reían a carcajadas platicando las aventuras que habían presenciado y lo bonito de esa salida de amigas, ella caminaba y aunque las risas y palabras eran fuertes, no las escuchaba, estaba ausente y solo pensaba en lo que había pasado y no dejaba de suspirar, al llegar a su casa saludo a sus padres levemente y subió a su cuarto, se miraba al espejo y sonreía a sí misma, se sentía como en un cuento de hadas, se desmaquilló lentamente y tomo el baño más lento que haya tomado en su vida, cuando salió en bata de baño y secándose el cabello escucho sonar un mensaje que entraba en su celular, corrió esperando que fuera él y su corazón salto de felicidad al ver que realmente era el, leyó detenidamente la frase más hermosa "Hola preciosa como estás, este es mi número, tal vez descanses ya y no quiero interrumpir tu sueño solo te escribí para agradecerte el momento tan maravilloso que me regalaste y desearte dulces sueños", rápidamente contesto, hola, no me interrumpes, apenas salí de bañarme, todavía no duermo, yo también la pase muy bien, y él le dijo si no dormirás aun ¿puedo marcarte para escuchar tu bella voz? Y ella dijo así, pasaron horas hablando por teléfono y cuando casi amanecía se dieron cuenta que habían pasado mucho tiempo hablando, así empezaron a pasar las noches pegados al teléfono y el día mandándose mensajes a toda hora, el no salía de su pensamiento y en las citas consecutivas solo fomentaban lo que vivían y para ella era algo nuevo, desconocido y que quería seguir disfrutando, pasaron los días y nunca hubo una plática de reglas de la relación, definición de la relación ni siquiera de reflexión y razonamiento, se dejaron llevar por el deseo y la pasión de estar juntos y en una de las tantas citas ella ya no regreso a su casa y cayó rendida en los brazos de su amado, todo parecía tan maravilloso, tan perfecto y que nada podría parar los raudales de emociones en su ser, había encontrado a su príncipe azul, ese con el que soñó desde que tenía memoria y que las películas y cuentos fomentaban en su mente, nunca miro las señales de alarma, mucho menos las advertencias de las demás personas, es más lo defendía y se discutía con todos, incluyendo sus padres y hermanos, cerrando sus ojos y oídos para sumirse en viaje fantasioso que no tardo mucho tiempo en terminarse, habían transcurrido unos 8 meses cuando empezaron los primeros conflictos, el príncipe azul no tenía nada que ofrecerle, ni dinero ni trabajo ni ganas de trabajar, no había estudiado y era el hijo más chico de sus papas por lo que creció consentido, con educación permisiva y sin tener responsabilidades, cuando nena se dio cuenta, estaba embarazada, viviendo en casa de los suegros junto a un hombre violento que la maltrataba en todos los aspectos, con tendencias sexuales distorsionadas, con gusto desenfrenado por las mujeres y el alcohol, lo que hizo que ese bello castillo en el aire no solo se desmoronara sino que se volviera un infierno del cual parecía no haber salida, pues cada vez las infidelidades, los maltratos y los insultos eran más seguidos, cada vez que se alcoholizaba era una noche de sufrimiento para ella, y viviendo muchas carencias y sin tener a quien acudir pues todos le habían advertido y en lugar de analizar la situación cerro cada una de las puertas que en su despertar le hacían tanta falta y sin ayuda ni apoyo estaba más vulnerable a merced de su pareja, se sentía acorralada y sin saber que hacer, en esa rutina de sufrimiento y faltas de respeto nació su hijo y enfoco su atención en sus cuidados al notar las carencias decidido ya no ser tan rebelde y reclamadora con sus suegros y esforzarse más para poder salir adelante, fue cambiando su comportamiento con ellos y aunque su esposo se fuera con mujeres o se alcoholizara no le reclamaba, siempre tenía la ropa limpia y cumplía sus obligaciones como sus suegros le decían, como no le decía nada disminuyeron los pleitos y los golpes, su suegra le decía que así son los hombres y no hay que reclamarles nada para que no te golpeen, refúgiate en tus hijos y sacar adelante el hogar, antes de cumplir el mes de nacido el bebe, la suegra la llevo al centro de salud para la consulta del bebe donde logro hablar con la doctora que le dio unas pastillas anticonceptivas y le comento su situación y que quería ponerse el dispositivo pero la única manera era el día de la cita de su bebe, y la doctora la apoyo y se lo aplicaron, eso le ayudo a no volver a embarazarse y con los días recuperarse del parto y que se bebe fuera creciendo, su suegra sabía costura y ella aprendió a hacerlo muy bien y le empezaron a caer trabajos cada vez más frecuentes y lo podría hacer durante las ausencias de su marido, fue ideando sacar una cuenta bancaria con la ayuda de una vecina y empezó a ahorrar, fue pasando el tiempo y nadie sabía de sus planes pero ella iba a entregar los pedidos de su suegra y a comprar y aprovechaba a hacer sus cosas, un día investigo donde había una guardería del otro lado de la ciudad y fue por los requisitos hablo con la trabajadora social y ella le recomendó a una persona que le podía ayudar en una institución de gobierno, y así fue planeando con mucha calma lo que haría, cuando el niño iba a cumplir 3 años de edad ella se decidió a irse, durante un mes fue sacando ropa de ella y del bebe sutilmente y se llevó cosas a casa de una amiga y le platico a su suegra que había una amiga que vendía ropa de bazar y que le llevaría la cuna del bebe a vender entre otras cosas, como carriola, puso en venta la andadera, y todo lo que pudo, y le dijo que tal día seria la venta de bazar y llevaría las ultimas cosas, coincidía la fecha con el día que su marido le dijo que tenía partido de futbol ese fin de semana y llegaría hasta el lunes, por lo que aprovecho para irse, le comento a su amiga que la ayudara a ir por las cosas y su suegra no lo miro sospechoso pues ya sabía que haría esa operación de vender cosas para comprar una cama para el niño, y así se despidió de un abrazo y le dijo al niño despídete de tu abuelita, y fue la última vez que la volvieron a ver pues puso distancia de por medio, llevo a asentar a su hijo con otro nombre y rehízo su vida después de todo el dolor vivido. Como de una manera tan fantasiosa podemos crear expectativas de alguien sin conocerlo. Todo esto se pudo evitar si nena tomaba el control de sus emociones y se permitía disfrutarlas pero sin pasar encima de ella, su dignidad y dando siempre prioridad a su integridad, caminando con pasos lentos pero firmes investigando quien es la persona que le gusta, a que se dedica, de que familia procede, cuáles son sus costumbres, convivir por lo menos 3 años analizando su comportamiento, con ella y con las demás personas, en especial del género femenino, pues por ejemplo existe una gran similitud de como trataba a una mesera en una taquería y como la trataría a ella, por eso es importante identificar el valor que tiene de la mujer, de la equidad de género y entre otras situaciones, nena no tenía definido que quería y que merecía y por eso paso por alto la razón en nombre del amor".

Enamorarse es muy lindo, pero si yo me enamoro, el sentimiento es mío, soy yo quien siente amor, soy yo quien decide que alguien que en algún momento no era impor-

tante o que no conocíamos se convierta en el ser más importante de nuestras vidas y el centro de nuestra atención.
Nuestro mundo es nuestro, ¿porque tiene que girar alrededor de alguien? Es nuestro, hay que asumirlo así, nosotros
permitimos que alguien sea nuestro mundo porque así lo
queremos de lo contrario estaríamos viviendo bajo nuestros
términos.

Nadie nos quita nada si nosotros no se lo permitimos,
nosotros autorizamos a las personas para que hagan cosas o
provoquen cosas en nuestras vidas, por eso es importante ser
cuidadosos al decir me arruino el día mi pareja, mejor
decimos le permití a mi pareja que me arruinara el día, las
personas tienen acciones que no podemos controlar, pero lo
que si depende de nosotros es como recibimos y manejamos
esa información. Hay que ser responsables de lo que decimos, hacemos y como reaccionamos a lo que hacen los
demás.

"Laura es amiga de Lili, y sabe que es la fecha de su
cumpleaños y como la aprecia decidido comprarle un
regalo, para hacerlo se basó en el sentimiento que tiene por
ella, y decidido comprarle algo muy valioso, esperando que
a Lili le guste y además lo valore mucho sabiendo que ella la
ama muchísimo, pero, cuando Laura llega a casa de Lili, le
dice "Lili, amiga hermosa, por ser tu cumpleaños, decidí
comprarte este valioso regalo, como muestra del amor que
siento por ti, espero que te guste y lo valores", Lili asombrada se la quedo mirando y le contesto "Gracias pero es
demasiado caro y no lo puedo aceptar", Laura se quedó
perpleja sentía que no podía creer lo que escuchaba,
aunque la realidad estaba ante sus ojos, y entonces decidido
decirle "Lili lo compre especialmente para ti, es tuyo por tu
cumpleaños, no me lo puedes rechazar", a lo Lili contesto,
"Discúlpame Laura pero no lo puedo aceptar y es mi última

palabra, aquí hagamos una pausa y reflexionemos, ¿A quién le pertenece el regalo? Analicemos a detalle y el porqué, no se adelante hasta contestar la pregunta. HAGA UNA PAUSA Y ANALICE BIEN LA RESPUESTA.

La respuesta es: De Laura porque ella es quien lo compro y Lili no acepto el regalo, además tampoco lo había pedido, lo mismo pasa con nosotros, nos ofenden cuando aceptamos las ofensas, además lo hace la persona a quien en primera se lo permitimos y en segunda nos ofende a quien le damos el poder de ofendernos, si las mismas palabras las dice una persona insignificante (que no significa nada) para nosotros o que no tiene ningún valor pues no le daremos importancia, por consecuencia nuestra reacción no será la misma que con alguien importante.

"Thalía una mujer joven que en la vida había sufrido mucho, sus padres eran muy pobres y era la tercera de 9 hijos por lo que le toco trabajar para contribuir al hogar, desde muy pequeña tenía roles y actividades dentro de la casa por lo que a muy temprana edad empezó a salir a las casas a trabajar, su primer trabajo, fue en casa de una vecina que le daba comida y unas monedas por llegar a jugar con su niña, con escasos 7 años ya tenía la responsabilidad de salir de la escuela e irse a trabajar toda la tarde, además le ayudaba a la señora en lo que le indicaba mientras bañaba a la niña o esta se dormía, llegaba a casa muy agotada y todavía tenía que hacer algunas labores y su tarea, ya no cenaba en casa pues la señora la ponía a comer con su niña, la trataba muy bien aunque era muy estricta pero le presentaba a sus amigas que le regalaban ropa, zapatos, útiles escolares entre otras cosas, que servían para ella y para su familia, así fue forjando su carácter de lucha, aprovechaba poco en la escuela pero la maestra le impulsaba para que continuara estudiando, la sentó adelante para que tuviera mejor atención a la clase y a las horas de receso le decía que se quedara con ella en el salón realizando las tareas del día siguiente, a Thalía le encantaba estar con la maestra y más cuando ella le decía, si estudias y te esfuerzas mucho lograras ser maestra como yo, eso la hacía sentir que podría lograrlo, cuando en ocasiones estaba desanimada la maestra le platicaba su historia personal, las experiencias que había pasado y como sufrió para poder llegar a ser maestra, cada receso le parecía tan corto, quería pasar más tiempo con su amada maestra, el siguiente año le cambiaron de profesor, y el que llego era muy estricto exigente y de mal carácter, sintió que ya no lo podría lograr, pero su maestra le dijo que podían seguir pasando los recesos juntas y que si alguna tarea le resultaba difícil ella le explicaría, y así lo hicieron hasta 6º grado que de nuevo le dio clases su maestra amada, eso la impulso muchísimo, le dio la fuerza suficiente para salir adelante, para ese momento la niña que cuidaba estaba grande, ya estaba en la primaria y se le hacía difícil sus tareas y ella le apoyaba, por lo que conservo su trabajo por más tiempo y la paga era cada día mayor pues colaboraba en las labores del hogar de la señora que estaba muy contenta, la trataban como parte de la familia y en las reuniones y fiestas ella ayudaba, por lo que se fue relacionando cada vez más y tenía un círculo familiar grande, al salir de la primaria le tocaba separarse de su maestra y pasar a una nueva etapa, la maestra prometió mantenerse en contacto siempre y le propuso ser su madrina de comunión y así serian familia para siempre, Thalía feliz llego a platicarle a sus padres quienes aceptaron felices, en la ceremonia se veía preciosa pues entre toda la familia y amigas de su patrona le organizaron una reunioncita, modesta pero muy bonita y significativa, llevaron comida, refrescos pastel y hasta adornos para la modesta casa, muchas de las personas que asistieron al ver las condiciones de vida de la familia, decidieron apoyar más, por fin la vida de sufrimiento estaba quedando atrás, los momentos en que se sentía en desventaja con la vida, eran historia, se sentía tan afortunada, a su corta edad llevaba muchos beneficios a su casa, y con la adolescencia vinieron los sueños de muchas cosas, su maestra le impulsaba y los domingos le revisaba las tareas, eran los fines de semana más felices de su vida pues compartían muchas cosas, la familia de la maestra ya la había incluido como miembro y en todas las reuniones y toma decisiones estaba incluida, su patrona se quedó sin muchacha y ella le propuso que le diera el trabajo a ella que se ocuparía de hacer todo y a la vez apoyar a la niña a hacer sus tareas, la señora acepto darle la oportunidad con la condición de que si no podía con el trabajo buscaría a alguien más y ella regresaría a lo que hacía, fue corriendo feliz a casa de sus padres a platicarles y recoger sus cosas para irse a trabajar, mientras para ir a su casa planeó su horario y como le haría para cubrir todas las actividades que tenía que realizar sin dejar de estudiar, y cada que pensaba en la cantidad que ganaría se estremecía de la emoción, se lo platicó a la maestra y ella le dijo que la actividad del domingo seria dedicada a desarrollar las herramientas necesarias para vivir adecuadamente la nueva etapa de su vida, se sentía muy feliz, pensaba que esa oportunidad era el trampolín que necesitaba para salir adelante, llego con sus cosas a su nueva casa y se instaló en la recamara que le asignaron, por fin tendría una sola recamara para ella a como había soñado, acomodo sus pocas pertenencias en el clóset y se sentó a organizar su horario, después se acostó a dormir consciente de que tendría que despertar todos los días a las 4 de la mañana para dejar limpio y regado el jardín, atendido el perro pero además de esas actividades tenía que ingeniárselas para lavar y planchar, no sabía cómo hacerle pero sí que tenía que aprovechar esa oportunidad, la señora con mucha paciencia le fue guiando cuales serían sus actividades, ella dejaba todo listo y limpio antes de irse al colegio, y de regreso lavaba los trastes y continuaba, mientras la niña hacia sus tareas ella aprovechaba a realizar algunas actividades como hacer su tarea o la invitaba a irse a su cuarto y que en la mesita de noche hiciera la tarea mientras ella planchaba o doblaba ropa, para ese momento la niña estaba tan contenta con ella que le hacía caso, cuando llego el domingo se levantó temprano y dejo listas sus actividades, y se fue a reunirse con su madrina, le platico lo que estaba viviendo y ella le dio muchos consejos, entre ellos que hiciera un plan de administración de su dinero y que destinara una parte a ayudar a sus padres, otra para sus gastos personales y seguir estudiando y por último que abriera una cuenta de ahorros y ahí semanal metiera una cantidad para un futuro, platicaron, comieron juntas, continuaron hablando del futuro de Thalía y era tan agradable que se le pasó el tiempo volando, cuando se dio cuenta estaban a punto de ser las 6 de la tarde y tenía que regresar a la casa donde trabajaba, al llegar retomo sus actividades y empezó a lavar los trastes de la comida y a dejar todo limpio para el día siguiente, la señora pronto empezó a preparar la cena, y ella se fijaba en cada detalle de lo que hacía, ansiaba a prender a cocinar y se ofreció a ayudar, le encantaba ver como en esa casa no hacía falta nada y soñaba con tener una casa así, ayudo a poner la mesa y la señora le sirvió un plato de comida y lo puso en el antecomedor de la cocina, a la vez que la miraba y le decía buen provecho, miraba el plato de comida que era suculento como lo veía en las películas, se sintió muy emocionada y afortunada porque tenía la oportunidad de cambiar su vida, y eso le daba cada vez más ánimos de continuar esforzándose, cada bocado que llevaba a su boca era un festín de placer, deseaba poder comer así a diario por el resto de su vida y poder llevarle a su familia esas delicias, termino de comer y levanto la mesa limpio todo y se fue a su cuarto a realizar sus tareas y luego a dormir, inicio su semana y se levantó temprano, le echaba muchas ganas a todo, la escuela, la casa y cuando entro a tercer año de secundaria tenía que tomar la decisión de si seguía estudiando, su madrina la motivo a que continuara, había momentos en los que se desanimaba porque el trabajo era mucho, la niña había crecido y no le hacía caso, cada vez le costaba más que hiciera tarea y poder realizar sus labores, aun así se inspiraba en el hecho de que estaba apoyando a sus padres y hermanos a la vez que ahorraba, ya llevaba 3 años ahorrando semanal y cada vez la cantidad era mayor, su madrina le dijo que nadie debía saber de ese dinero y no podía agarrarlo para ninguna cosa sin su autorización porque era para su casa, aun con cambios de estado de ánimo decidió entrar al colegio, ahí estudiaría la educación media superior y estaba muy decidida a seguir luchando como su madrina decía ya a su corta edad había logrado muchas cosas y el camino era más corto hacia la meta, cada que iba al banco checaba su ahorro y para esas fechas ya le alcanzaba para un terreno.

Fueron pasando los meses en la misma rutina, y decidió que como sus hermanos estaban cada vez más grandes y ayudaban más en la casa le pondría a su madre una cocina económica con entrega de comida a domicilio, así ella no tendría que seguir saliendo a trabajar fuera de casa y sus hermanos ayudarían, y así lo hizo, empezó haciendo comidas los fines de semana, sacaba su inversión y la ganancia era para su madre y hermanos, así continuo invirtiendo cada vez más y por consecuencia las ganancias eran más amplias para la familia y fue reduciendo el apoyo hasta que llego a ser solo del 10 por ciento de lo que ganaba, poco a poco fue acondicionando en su casa el lugar y la cartera de clientes aumento hasta que se convirtió en una cocina económica muy concurrida y tuvieron que contratar personas para la cocina, cuando vino a darse cuenta había pasado tanto tiempo que estaba a punto de cumplir la mayoría de edad, se asombró muchísimo al saber que ya sería una joven adulta ante la ley, y pronto terminaría su carrera técnica, que decisión tomar era la frase que más pasaba por su mente, ya en la familia había estabilidad económica y su casa era de material, aunque muy modesta poco a poco la irían ampliando, su ahorro en el banco ya alcanzaba para el terreno y los cimientos de una casa de dos recamaras, aun así su madrina le dijo que esperara a cumplir la mayoría de edad para que pudiera comprar y escriturar a su nombre que aprovechara el tiempo para buscar donde quería vivir y que tipo de terreno quería, los sueños eran la gasolina que impulsaba su motor, cuando llegó el momento de entrar a la universidad estaba muy nerviosa pero aun así fue a inscribirse, ya era auxiliar de enfermería en espera de su título pero no quería quedarse ahí quería continuar por la licenciatura, solo tendría que buscar la forma de seguir estudiando, y llego el momento del examen de admisión y por fin acudió a la universidad, el campus era enorme, caminaba con piernas temblorosas de la emoción, una chica tan sufrida estaba a punto de formar parte de una universidad de prestigio, era lo que más deseaba, en su colonia nadie podría creer si ella quedaba en la carrera y menos aún si se graduaba, su jefa estaba muy orgullosa de ella y le daba buenos consejos, para ese tiempo ya los hijos de la familia eran grandes y cada vez más independientes, el trabajo era duro pero tendría que trabajar a ese ritmo 5 años más para poder lograr sus sueños, grande fue su alegría al saber que había sido aceptada en la universidad, su corazón saltaba de felicidad, de inmediato le aviso a todos, su familia estaba muy orgullosa de ella, todos la felicitaban, era el más grande logro de su vida, tenía que trabajar y estudiar muy duro para materializarlo, pero esa sensación de éxito que sentía en ese momento le resultaba una invitación a continuar con su esfuerzo hasta lograr su profesión, pronto le pasaron la lista de útiles, libros y uniforme, después del examen quedaban casi 3 meses para iniciar clases, tiempo que aprovecho para buscar minuciosamente cada cosa y encontrar el mejor precio, era una gran felicidad saber que todo eso era parte del inicio de su profesionalización, su madrina le acompañaba y le ayudaba a escoger las cosas, esos días de compras fueron los más maravillosos de su vida, era la primera vez que planeaba salir de compras con una lista de cosas, en los años anteriores reutilizaba lo que le regalaban, reciclaba y buscaba opciones, pero esta vez todo tenía que ser de lo mejor, era la universidad, ahí llegarían alumnos de toda la república y ella tenía que estar al nivel, cuando se probó su uniforme se le escurrieron las lágrimas, esa sería la apariencia que tendría por el resto de su vida, nunca había sido tan dulce llorar, se sentía poderosa, con las baterías suficientes para lograr superar todo lo que se viniera y lograr su meta, se miró al espejo y se dijo hola soy la licenciada enfermería Thalía, no podía creer como sonaba eso, dejaría de ser una fámula para ser una profesional.

El primer día de clases fue de mucha emoción, la noche anterior había trabajado muchísimo dejando todo listo, no quería que nada hiciera falta, se levantó muy temprano y cuido cada detalle de su apariencia y que en su mochila llevara todo lo que le habían pedido, cuando se dio cuenta que ya todo estaba listo, era hora de irse no sin antes mirarse de nuevo al espejo, suspiro profundo, se puso su mochila y se decidió a irse, la señora ya estaba despierta y la miro, se emocionó y le dijo Dios te bendiga Thalía, camina sin miedo al éxito, el trayecto al colegio le pareció eterno pero a la vez maravilloso, ese sería su camino diariamente por 4 años, miraba atentamente hacia todos lados, no bajaba la guardia ni permitía que nadie se acercara a ella, era muy temprano y aún estaba oscuro, cuando por fin llego a su terminal, se bajó del metro y camino hacia afuera, eran pocas cuadras hasta la entrada de la universidad, y aun era temprano, pero no podía llegar tarde, además necesitaba ubicar su salón y quería ser de las primeras en entrar, camino muy alerta y llego a la puerta de la universidad que aún no había abierto, pues faltaban 15 minutos para la hora, ella era la única que estaba, a los pocos minutos empezaron a llegar más alumnos, algunos le daban buenos días otros no pero ella se sentía en las nubes, en sus escuelas anteriores la convivencia no fue tan multitudinaria, sin darse cuenta llego a su lado una chica de provincia, se notaba muy nerviosa y con el uniforme reciclado, ella la saludo y le sonrió, le dijo yo también estoy muy feliz de estar aquí, es una gran oportunidad y hay que aprovecharla al máximo, las demás personas solo se quedaron escuchando a la vez que abrieron el portón y empezaron a entrar, la chica se quedó paralizada pero Thalía le dijo vamos, en que aula te toca? Y la joven saco la hoja para leer, en el 4 d, vamos juntas exclamo, ven conmigo yo también voy para allá, desde ese momento se hicieron grandes amigas, al grado de que Thalía le rento la recámara que había construido en casa de sus papas y así ella obtenía el dinero para apoyar a sus padres, su amiga estaba segura y en familia, y ambas se impulsaban, así pasaron los meses, ambas continuaban estudiando, Thalía trabajaba y además le dio trabajo a su amiga en algunas cosas de la cocina económica de lunes a domingo pues su amiga vivía lejos y no podía viajar seguido, así ambas se ayudaban y generaban dinero para sus estudios, como los gastos eran cada vez mayores decidieron hacer postres para vender, los elaboraban los domingos y los vendían con las comidas, después Thalía decidió hacer para llevar a vender a la universidad y sacar para su pasaje, tenía que crear una cartera de clientes pues pronto tendría que dejar de trabajar con la señora pues venia la época de sus prácticas y después su servicio social, pasaron los meses y ambas llevaban buenas calificaciones, hasta que su amiga, se enamoró de un compañero de la carrera y empezó a llegar a las 4 a la casa cuando salían a la 1 de la tarde, dejo de apoyar los domingos y a altas horas de la noche preparaba los postres pues pasaba cada vez más tiempo con el novio, sus calificaciones empezaron a bajar y se molestaba que la aconsejaran, la convivencia en casa se volvió tensa hasta el día en que de plano un viernes no llego a dormir a la casa y llego hasta las 8 de la mañana y la señora le dijo que ya no podían seguirle rentando el cuarto y que tenía el fin de semana para irse pues iban a contratar a otra persona, como tenía ahorros se le hizo fácil pensar en rentar un cuarto en otro lugar, solo pensaba en pasar tiempo con su novio, platicó con él y decidieron ir a rentar juntos, por la misma situación su amistad con Thalía se deterioró, y tomaron rumbos diferentes, una seguía vendiendo cada vez más postres y la otra bajaba sus calificaciones, cuando vino el fin de curso una salió excelente mientras que la otra reprobó una materia, le tocaba ir a provincia a visitar a sus padres y se había gastado el dinero del pasaje, pues como ya no tenía trabajo pues tomaba del efectivo que tenía, no pudo viajar y empezó a buscar trabajo, todo era tan difícil, empezaron los problemas con el novio pues cada vez estaba menos interesado en la relación, tenía más salidas con sus amigos y al poco tiempo se enteró que andaba con alguien más su mundo se derrumbó, sin trabajo, rentando, con una materia reprobada y traicionada por quien amaba, su panorama era desolador y pensó en acudir a Thalía, le daba mucha pena hacerlo que no tenía opción, y le llamo Thalía estaba molesta por todo lo que había hecho pero al final decidió ayudarla, le dijo que hicieran postre juntas y que lo venderían en la universidad y en las casas aledañas a donde vivían, pero que se pusiera las pilas, también decidieron que pronto tendrían que dar su servicio social así que ya era tiempo de comprar su terreno y empezar a construir y ahí podrían irse a vivir las dos, mientras logró que la patrona le permitiera que llegara su amiga a dormir y ayudar a cambio de tener donde dormir y no pagar renta, pusieron en venta los muebles que había comprado y hasta la cama para reunir la mayor cantidad de dinero posible para subsistir esos meses.

El proceso del enamoramiento como tal trae consigo un cúmulo de emociones, sensaciones y estado de placer que si no estamos con los pies bien puestos sobre la tierra podemos perder el piso.

ACTITUD ANTE LA REALIDAD Y EL DESAMOR.

Cuando hablamos de realidad nos referimos a la situación actual del sujeto, a la estabilidad o inestabilidad psicoemocional de su mundo subjetivo que provoca una vivencia personal e individual en el ser, sus circunstancias, lo que motiva su existencia, el significado que le da a la vida, como ve y planea el futuro, como vive e interpreta su presente y además como maneja sus acciones, decisiones y actitudes.

Existe momentos en los que podemos sentirnos como dentro del pozo y sin saber la forma en que podemos salir del lugar donde hemos caído, viendo que las ganas de salir adelante y la frustración oscilan en el estado de ánimo y parecen no dar certeza de que todo se resolverá, pesa haberse equivocado y parecemos seres automáticos cometiendo errores sin poder revertirlos. Es típico sentir que cuando buscamos una solución dentro del caos parece que fantaseamos con algo inalcanzable, todas esas emociones son normales en esas circunstancias, pero es importante entender que el amor inicia por nosotros mismos, primero me amo a mí y después puedo dar amor a los demás, simple no podemos dar lo que no tenemos.

Si va una persona caminando y en su mano lleva un vaso lleno de pozol (Bebida a base de maíz y cacao típica del estado de Tabasco, México) y tropiezo con esa persona, ¿quién tiró el pozol? ¿Yo por caminar y de manera accidental tropecé? Noooo lo tiró quien lo llevaba en la mano, porque es a quien le pertenece el pozol. Lo mismo pasa con nosotros, hay personas que tropiezan con nosotros a lo largo de nuestra vida, pero nosotros vamos a sacar y derramar lo que llevamos nosotros. Por eso cuando realmente queremos conocer a alguien hay que darle poder o quitárselo y entonces realmente conoceremos su esencia, y nos daremos cuenta que solo conocíamos una faceta de su vida.

Si convivo con Juan en el tiempo en el que todo le va bien, tiene dinero, buen trabajo buen coche, solo conoceré ese momento de su vida, pero si no conozco su vida en medio de problemas no sabré cómo reacciona a ellos y cómo se comporta con la gente, y que decir de cuanta humildad hay en él o de qué forma muestra el agradecimiento a quienes le ayudan o peor aún cómo valora ser ayudado.

Todos alguna vez nos hemos sentido enamorados, hemos disfrutado de las sensaciones que este estado emocional nos conlleva, sentir ansias de ir al encuentro de la persona amada, pasar cada instante del día pensando en esa persona, es maravilloso sentir las mariposas en el estómago y el nerviosismo cuando vemos a la persona amada, que podemos decir de cuando existe un contacto por mínimo que sea, como sudan las manos cuando las tomamos por primera vez, todo esto es muy bonito pero no debe ser motivo de perder el objetivo o distraernos creando expectativas que solo existen en nuestra cabeza.

Si bien nos enamoramos no podemos perder el sentido de la realidad, esto significa que, aunque nos guste la persona y exista atracción, hay que tener muy pendiente las señales que esta persona proyecta con su neurolingüística, y esto se escucha complicado, pero con asesoría psicológica se puede aprender a discernir entre lo correcto y lo incorrecto. Mas allá del enamoramiento hay que pensar en nosotros como personas, pues nada está más allá, yo soy el ser más importante en mi vida y protagonista de mi propia historia, por lo que conocer bien a la persona es básico, y para eso requerimos, tiempo convivencia y no cegarnos a lo que en realidad sucede a nuestro alrededor.

Para poder superar un amor no prospero, una ruptura o el desamor como tal lo primero es definir que actitud decidimos tomar ante este hecho porque en muchas ocasiones en lugar de tomar una decisión nos dejamos llevar por comportamientos tóxicos que no nos permiten salir adelante en esta situación y que nos atrapan en un circuito que parece no tener salida y es que a menos que se rompa, podemos seguir indefinidamente dentro de él sin que nada mejore. Es normal sentir incertidumbre ante el desamor, pero a pesar de eso y del dolor tenemos que hacernos responsables de lo que está sucediendo, no es válido querer culpar a la otra parte por lo que estamos viviendo, si bien tiene algo de responsabilidad, es solo suya y a nosotros no nos compete. Mucho menos culpar a terceros, o sea familiares, amigos por lo que estamos viviendo, dentro del proceso no podemos dejarnos arrastrar por esas sensaciones de que no dependía solo de nosotros, pues al vivir nuestra realidad nos hacemos conscientes de lo que a nosotros nos toca, y nada más, hay que centrarse solo en eso y en el trabajo personal.

Cuando empezamos a trabajar en superar el desamor, lo más importante es definir que existe la necesidad de trabajar y superar la situación, que no es útil y no tiene caso continuar sintiéndonos de esa manera, nos debemos centrar en lo que es más importante, ya preguntarse porque paso, que falto y como pudo ser es inútil, estamos en el aquí y el ahora y por eso no nos vamos a permitir sentir envidia por otras parejas que, si funcionan o estar pendientes de lo que hace nuestro ex, porque al ponerle ese término "ex" significa no es, ósea que ya no tenemos derecho a saber qué pasa en su vida y que hace, mucho menos reclamar, estar pendiente de sus redes sociales y todo ese tipo de comportamiento que nos permita adquirir información de quien fue nuestra pareja solo nos hace daño, nos duele, nos afecta, nos distrae y no permite que esta relación fallida se supere, por eso cuando se trabaja en el desamor, lo primero es "prohibirse" estar pendiente de la vida del otro y hacernos conscientes que ya no está en nuestra vida, ni somos parte de la suya, que mandar mensajes en redes, con amigos, o hacer cambios con la intención de vengarnos o que lamente habernos perdido no tiene caso, es una verdadera pérdida de tiempo pues la verdad es que tenemos una sola vida y no podemos gastar nuestra energía en una relación tóxica.

El comportamiento se observa en todos los ámbitos de la vida, como trata a los seres vivos, a la naturaleza y a los demás así me va a tratar a mí. He escuchado que dicen con el tiempo va a cambiar, y si es cierto cambia, pero en sentido negativo, las situaciones empeoran no mejoran, pues para empezar modificar una conducta es algo muy difícil de lograr se requiere de reconocer que ese comportamiento perjudica, no es correcto y es necesario cambiarlo, después buscar apoyo psicológico y seguir al pie de la letra toda la terapia, pues de manera súbita y mágica no es posible cambiar los comportamientos.

Todos en la vida podemos llevar a cabo un cambio, pero es necesario el acompañamiento adecuado, definir las prioridades a trabajar y el uso de un amplio número de técnicas terapeutas centradas en la persona porque todos somos únicos e inigualables, no somos iguales, cada quien tiene su propio potencial para permitir que esa diversidad enriquezca a la humanidad.

Es muy importante ser analítico, reflexivo y tener una actitud positiva para poder mantener los pies sobre la tierra y saber que por muy bien que yo imagine las cosas, estas pueden no darse como espero o cambiar de la noche a la mañana, por eso es muy importante trabajar en mí, en el amor que me tengo, en el respeto, en la aceptación, valorarme para saber que soy, como soy cuanto valgo y que merezco, pues de esa manera podré buscar un amor de mi talla y si lo que encuentro me aprieta pues tener la suficiente valentía para decir esto no es lo que yo esperaba y tomar una decisión, siempre cuidando tener una autoestima sana, que permita no cometer acciones a ciegas. En cada instante de nuestras vidas es importante respetarnos y hay que partir del hecho que respetar es cuidar y no denigrar la dignidad propia o del otro.

Y si la vida nos pone ante una situación de desamor, hay que saber que hacer, pues ser feliz es una decisión personal, actitud constante y disciplina para poder luchar por esa felicidad sin depender de nada ni de nadie. En el desamor y en todos los ámbitos de la vida es importante tener claro que hay cosas que dependen de mí, pero existen otras que no dependen de mí, partiendo de esa teoría puedo controlar lo que depende de mí y hay que tener gallardía y tomar el control, y lo que no depende de mí necesito aprender a tener el valor de reconocerlo y resignarme a que no está en mis manos cambiar eso, y al final pues enfrentar lo que en ese momento sucede.

En la vida tenemos la oportunidad de aprender de dos maneras, la primera es a través de la enseñanza de otros, de sus consejos, de que nos generen el proceso enseñanza aprendizaje, de ver sus vivencias, de saber cómo tomaron sus decisiones y cuáles fueron las consecuencias, y la segunda es a través de las experiencias propias, a prueba y error. No podemos armar todo un drama por una situación que estemos viviendo, si bien es algo que no nos gusta, que nos duele o que no esperábamos, hay que seguir adelante, hacer escándalos, meterse a la cama a llorar, cerrar las puertas al amor y actitudes negativas solo nos hacen más daño, cuando una relación se termina o de plano nunca se da es por algo y no depende de nosotros, el amar a alguien no lo obliga a que nos ame, por eso hay que tener en claro el hecho de amar pero siendo conscientes de no vulnerar nuestra dignidad.

Si bien es normal que por las emociones que sentimos al enfrentar el desamor no se sientan ganas de continuar, no podemos permitir que esa sensación nos atrape, es triste que el amor no pueda realizarse, pero no podemos abandonar nuestra vida por un suceso, hay que buscar ayuda profesional y tomar la decisión de salir adelante, de continuar con nuestros planes, esforzarnos para que el evento sea pasajero, incluso planear diversión. Hacemos una pausa en este punto para analizar que, si bien en una pareja es importante tener metas en común, tenemos que tener metas personales que no tienen nada que ver con nuestra pareja, es decir, hacer planes en plural, ósea la pareja, pero también hacer planes individuales, esto nos permitirá continuar con nuestra vida después de una ruptura amorosa. Llorar es solo para desahogarnos, no podemos hacerlo por tiempos prolongados y mucho menos por la tristeza quedarnos en casa solo porque no nos apetece hacer nada en ese momento. Entre mayor es la tristeza mayor es el esfuerzo que hay que hacer para superarlo, nadie se muere por desamor y aunque pareciera que el mundo se derrumba a nuestro alrededor, es una mera sensación porque la vida sigue, el planeta continuo su curso, pues mucho tiempo vivimos sin tener a esa persona en nuestras vidas, ¿porque ahora tendría que ser diferente?

"Alberto un prestigiado contador que se desempeñaba en una empresa importante y podemos describir como un hombre de éxito, tenía un buen coche, ganaba un sueldo gerencial, y dentro de esa cotidianidad de su vida un día sin querer conoció a una mujer casada, muy atractiva, con ojos verdes, cabello sedoso, buen cuerpo y bella pero casada, él quedó prendado de su belleza y en ese instante quiso tenerla a su lado, lejos de respetar que tenía compromiso se acercó cada vez más a la mujer que le gustaba, ella estaba pasando problemas familiares pues su esposo le había sido infiel y se acababa de enterar de tan horrible noticia, ella al igual que la mayoría de las personas se casó muy enamorada, sentía como su corazón latía solo por su esposo, todo parecía tan perfecto, como un cuento de hadas, como la más bella película de amor y se dedicó a él y a su hogar trabajaba mucho y contribuía en los ingresos de la casa, pero nunca se descuidaba por muy cansada que llegara a casa siempre se esmeraba por cuidarlo, atenderlo al igual que a sus hijos, durante muchos años todo marcho muy bien pero de repente ella notó que su esposo casi no le prestaba atención, pasaba mucho tiempo con el celular, ya lo tenía con contraseña, empezó a arreglarse más, a cuidar su imagen, a comprarse ropa nueva y arreglar su cabello, a poner cada vez más descuido en la relación, ya no quería citas románticas, ya no estaban los mensajes constantes con halagos, a no tener tiempo para acompañarla a las reuniones familiares, a decirse cansado cuando ella lo buscaba, aunado a eso llego el cambio de humor y las respuestas hostiles a su mujer, seguidos de manifestaciones verbales de estrés por exceso de trabajo y actitudes raras, después de que pasaban horas platicando, reían mucho y sobre todo los fines de semana en muchas ocasiones les sorprendió la madrugada e incluso el amanecer, los primeros años de su matrimonio eran así, después todo parecía tan distinto, las respuestas eran cortantes, no permitía motivo de plática y cada vez llegaba más tarde, situación que justificaba con exceso de trabajo, las discusiones eran constantes, todo parecía molestarle, estar en casa le resultaba cada vez más difícil, ya no se respiraba esa calidez de hogar, así pasaron los días hasta que una de esas madrugadas casi al amanecer llego alcoholizado con la camisa al revés y con manchas de labial en ella, fue donde la bomba explotó, ya no hubo palabras ni pretextos que justificaran ese hecho, ella estaba destrozada y sintió partirse en mil pedazos, todo por lo que había luchado se derrumbaba, no sabía cómo reaccionar a eso, no estaba preparada para una situación así, su esposo parecía no tener ni el más mínimo remordimiento y se fue de la casa a dar rienda suelta a su nuevo amor, dejando atrás años de felicidad y un hogar devastado, en este momento en el que sentía toda la carga del mundo de dolor es donde entra Alberto aprovechando la vulnerabilidad de ella se acercó a ayudarla, y entre más la escuchaba, consolaba y comprendía mayor tiempo pasaban juntos, más cosas compartían, hasta que empezaron a verse a diario, ella poco a poco dejo de llorar y empezó a disfrutar el tiempo juntos, le gustaba ser escuchada con atención, para ella era muy lindo ver que la mirada de Alberto no se apartaba de ella que le gustaba hacerla sentir bien y buscaba que todo fuera cómodo y divertido con ella, le mostraba que todo su mundo giraba alrededor de ella, no midió sus actos y de manera inevitable sin ella advertirlo un día de tantos en los que se reunían a platicar estaban en lo más ameno de su convivencia y Alberto la beso y ella después de tanto dolor vivido con su esposo que la hacía sentirse humillada, burlada, frustrada, decepcionada, ella reaccionó a ese beso, confundida, asombrada pero maravillada de volver a experimentar la emoción de un beso, sintió nerviosismo, como el torrente sanguíneo corría en su ser como corcel a todo galope, no podía controlar sus emociones, se sonrojó, y no pudo más que ceder ante el abrazo de Alberto, se consoló y se sintió tranquila y protegida por primera vez después de tanto sufrimiento, vio una pequeñísima luz al final del túnel que le permitía vislumbrar que después de tanta tiniebla había una oportunidad de salir a la iluminación, en cada encuentro consecutivo dieron rienda suelta a sus deseos y pasión, pasaron los meses y la relación era cada vez más intensa, ella ya no recordaba el dolor ni siquiera se acordaba de lo que le había hecho su esposo pues sus pensamientos eran para su amor, hasta que la amante del esposo lo dejó y él llegó a casa, triste después de sufrir una decepción tan dolorosa con su amante muchos años menor que él y además no solo sin dinero sino que con deudas de todo lo gastado en esa fugaz relación, y al verse sin nada, recordó que un día había tenido un hogar, una casa, mujer e hijos y quiso recuperarlos, ella ya no se lo esperaba, la sorpresa fue muy grande y muy inoportuna, ella habría deseado que eso nunca ocurriera, que el tiempo se detuviera en los brazos de quien la hacía feliz, de quien la tomaba en sus brazos y le hacía sentir como nunca había creído poder llegar a experimentar, pero dentro de todo su realidad le grito que estaban legalmente casados, los hijos lo amaban y lo necesitaban, esto la ponía a ella de nuevo ante el dolor de una perdida pues se sentía amada con Alberto, y ella sentía amarlo también, quería aferrarse a su amor y ser feliz con él, pero tenía la obligación moral de perdonar a su esposo y restablecer el hogar, sus hijos mostraban actitudes retadoras, no obedecían y les faltaba la educación, el rigor y la figura del padre a la vez que todo el amor, la ternura que la madre había descuidado sumergida en su dolor y después en su relación, aun sin deseo de hacerlo y sabiendo que siempre su corazón le pertenecería a él y que nunca por más que perdonara a su esposo podría amarlo pues su ser entero no podría vibrar ante nadie más que su Amado Alberto, renunciando a su felicidad como mujer tuvo que dar por terminada la relación y esta vez quien se quedaba desolado era Alberto quien con amor recogió uno a uno los trozos de corazón y autoestima de ella cuando su esposo la traiciono, hoy el abandonado injustamente era él y no podía hacer nada al respecto, la amaba más que a sí mismo y por esa razón quería verla bien y feliz y le tocaba renunciar a ella para que lograra ese propósito. ¿Qué le falto a Alberto? Primero no debió dar pie a que la atracción hacia una mujer casada floreciera, pues con problemas o no era casada, y quien se mete entre dos personas, termina sufriendo y haciendo sufrir y más cuando hay hijos pues ya las relaciones pasan del amor y la pasión a las obligaciones y lo que debe ser, incluso la conveniencia y estatus social que es lo que los mantiene juntos. Pudo evitarse si él reflexionaba y pensaba que es lo correcto, que indica la lógica y la razón, los pro y contras de iniciar una relación con una mujer comprometida, pero al contrario el paso por alto todas las señales de alarma y se entregó por completo a la primera oportunidad y al final termina dañado, pues por mucho dolor que sufrió su amada nunca hizo por divorciarse, iniciaron la relación y eso tampoco la motivo a definir su situación legal, y vivieron momentos felices juntos pero nunca dieron pasos firmes para fincar un futuro juntos, era amor y pasión pero sin compromiso y para poder sostenerse con el paso del tiempo es necesario fijar bases sólidas y sobre todo donde existen otras personas involucradas alrededor de la pareja".

Si yo permito que mi felicidad dependa de los actos de otro ser humano siempre estaré sufriendo, en constantes decepciones y perdiendo tiempo valioso que puedo usar para ser feliz, la vida es corta y el hecho de que alguien no me ame como yo deseo o espero no significa que la vida se termine o no tenga valor por ello, todo depende de mí y de mis habilidades, si yo aprendo a desarrollarlas, entonces tendré la capacidad de enfrentar lo que venga. A mí no me hacen feliz los demás, mi familia, mis hijos, mi esposo, mi madre, etc. Soy feliz porque decidí serlo y ninguna circunstancia va a cambiar eso.

"Gela se enamoró y convirtió a un ser que ni conocía y hasta extranjero era en el ser más importante de su vida, nunca se ocupó de conocer el pasado de ese hombre ni cuales eran sus costumbres y cultura, solo le creyó lo que él le decía y al principio todo era miel sobre hojuelas, pero al poco tiempo de casarse todo cambio, cada vez las circunstancias eran más hostiles pero en el afán de tener un hogar nunca puso límites y menos pensó en divorciarse, por el contrario se dedicó a soportar la vida difícil de pleitos y faltas de respeto de su esposo, la violencia intrafamiliar era cada día más fuerte, al igual que los gritos, los insultos y las des obligaciones, ya había olvidado cuantas veces se había enterado de infidelidades de su esposo, y eso que hacía mucho caso omiso a muchas señales que mostraban que él andaba con alguien, pero ella consideraba que ser una buena mujer, madre y esposa era aguantar todo en nombre del amor y de la familia, se dedicó a trabajar y a sobrevivir entre el dolor y el cansancio, cada día sus hijos crecían y las necesidades eran mayores, tenía que trabajar más para cubrirlas y cada vez su esposo aportaba menos al grado de que dejo de dar dinero pero continuaba exigiendo comida, ropa limpia y cada vez lo hacía de una manera más grosera, las palabras ofensivas hacia su mujer subían de tono y ya no solo enfrente de los hijos sino de la familia, vecinos y amigos. Los hijos al ver las faltas de respeto no decían nada porque Gela misma les decía que era su padre, era el jefe de la casa y todos tenían que hacer lo que él decía y no podían decirle nada, con su vida convertida en un verdadero infierno y las lágrimas corriendo por su rostro de manera más frecuente, sin darse cuenta pasaron los años, los hijos crecieron, estudiaron, y ya como personas mayores tomaron sus propias decisiones, se casaron y se fueron poco a poco, como es normal hicieron su vida, y sin pensar en su madre, su meta era solo lo que ellos deseaban y con un tinte un poco egoísta no miraron los esfuerzos de Gela, ella con cada vez mayor edad se quedaba más sola, como no enseño a los hijos a valorarla a ella sino al padre, ellos solo se dedicaban a tener acciones positivas con su padre y con ella cada vez más distancia, incluso los varones la trataban cada vez con más violencia, era la sirvienta de las reuniones familiares mientras ellos se divertían platicando con su padre, al grado que un día al llevarle la comida al mayor derramo un poco en la mesa y él le grito: "fíjate, cada vez eres más inútil", esas palabras retumbaron en su mente como daga hirviendo, eran las palabras y el trato que siempre había recibido de su esposo, pero ahora era su hijo quien las replicaba, volteo la mirada hacia los demás hijos y unos se reían y otros se burlaban de lo sucedido, ninguno se detuvo a pensar en lo que ella sentía en ese momento y menos en defenderla, la hija menor se levantó, se acercó a ella y le dijo: "ten más cuidado mama", al mismo tiempo que la ayudaba. Pasaban por su mente tantas palabras, frases y momentos de lucha para conservar la unión familiar y tener una familia, lo había logrado pero se olvidó de formar parte ella, pues cada que le preguntaban qué te pasa mama porque lloras ella decía: nada tonterías de mujeres, nunca les pedía ayuda, no se decía cansada y demostraba que todo sacrificio le parecía bueno y hasta agradable, sus hijos aprendieron a no fijarse en ella, a no ver las cosas que hacía por ellos, a no valorarla, a no ser agradecidos por su amor, dedicación, atenciones y a tratarla como el padre lo hacía, y así se le iba la vida de manera rutinaria, ya sin hijos y esclavizada atendiendo a quien la hizo sufrir tantos años y seguía maltratándola de todas las maneras posibles mientras lo cuidaba, con el paso del tiempo el padre murió y ella quedó viuda, las reuniones familiares se realizaban sin ella, nadie la llegaba a visitar y pocas veces respondían a sus llamadas, pasaron los meses y llego el día de las madres, sus hijos se reunieron y no la invitaron, la celebración fue para las hijas y nueras de Gela, ella se sintió muy triste y se sumió en el llanto. Que hizo mal si se dedicó a su familia seria la pregunta, pero realmente cuando permitimos también fomentamos, no tenemos por qué soportar a nadie ninguna razón es válida para sumirse en un infierno de maltratos y faltas de respeto, no podemos cometer errores en nombre del amor porque al final de cuentas si no nos valoramos nosotras mismas pues nadie nos va a valorar, para poder enseñar a los demás que nos amen tenemos que amarnos primero, es muy lindo que los hijos crezcan en familia pero con valores, con buenas costumbres y enseñanzas, los padres somos formadores y tenemos que aprender que formamos ciudadanos que van a formar parte de la sociedad, capital humano que formara parte de la plantilla laboral y padres que formaran una nueva familia y de nosotros depende en mucho lo que al final son nuestros hijos.

Todos queremos ver a los seres que amamos felices, pero no perdamos de vista que nosotros estamos primero y que nuestra felicidad es nuestra prioridad, por eso no podemos ser felices a través de la felicidad de otro ser, ser felices es una decisión individual, cuando vemos felices a los que amamos nos da alegría, nos sentimos contentos, pero de nadie depende mi felicidad, solo de mí.

Si una persona que amamos no nos ama, o si deseamos estar con alguien y no podemos por alguna razón, pues puede ser doloroso pero la vida sigue, no podemos estancarnos, es normal sentirse triste un tiempo, pero no puede ser prolongado, llorar unos minutos incluso puede servir para desahogarnos, pero no podemos pasar la vida llorando, hay que saber la diferencia entre lo que depende de mí y lo que no, pues solo puedo controlar lo que depende de mí.

EL AMOR Y LA RAZÓN MÁS ALLÁ DE LAS PALABRAS.

El amor es un bello sentimiento, que provoca hermosas emociones y sensaciones, pero ante todo es necesario que prevalezca la razón, pues independientemente del estado de ánimo en el que nos encontramos hoy la toma de decisiones debe ser madura y razonada, pues de ello depende lo que suceda no solo en el presente sino en el futuro. "Con nuestro presente construimos nuestro futuro" así de simple.

Todo lo que hacemos o dejamos de hacer tiene consecuencias en nuestra vida, pues dejar de hacer algo también es una decisión, por eso es muy importante entender que en cualquier circunstancia de nuestra vida es muy importante analizar bien nuestras decisiones y actos.

Escuchar palabras bonitas, promesas halagos, poemas, etc., es agradable a nuestros oídos, pero siempre la razón debe predominar, esto significa que por muy bonitas las palabras y las promesas es importante tener muy en claro que es lo que queremos en nuestro futuro para esto es necesario preguntarnos ¿Qué quiero? ¿Qué espero? ¿Qué necesito? ¿Qué merezco? ¿Qué es lo que realmente me ofrece esta persona y que implica una relación?

Todos alguna vez nos enamoramos intensamente, yo también lo he sentido calar hasta mis huesos, con solo ver al ser amado sentir escalofríos y miles de maripositas revoloteando en mí estómago, nos llega ese momento en el que pensamos que sería nuestra compañía para siempre, que se va a compartir todo, ilusiones sueños, metas juntos y en ocasiones nuestras expectativas son tan grandes, nos ilusionamos más allá de la razón y pasamos por alto los focos rojos que nos alertan de que no va a ser como esperamos sino todo lo contrario.

¿Hay que ser siempre cuidadosos más allá de la emoción hacerse conscientes de que es lo que nos está provocando todo lo que sentimos y preguntarnos, me estoy enamorando de este ser humano o de sus palabras? ¿Es parte del amor entregar todo sin medida y dando a entender que sin pedir nada a cambio? ¿Si es así porque cuando no recibo lo que espero me molesto, me enojo y siento dolor y decepción? ¿Si con mis actos di todo sin medida y no pedí nunca nada a cambio?

¿Es muy importante razonar que posibilidad hay de que esa persona cumpla lo que me está prometiendo? Toda relación debe iniciar definiendo concepto y reglas, para tener muy en claro que es lo que daré y me darán y no solo esperar o dar por hecho. Si yo asumo en mí pensamiento no significa que la otra persona lo vaya a cumplir, es más hasta puede ser que la otra persona no se dé cuenta de lo que yo espero. Por ejemplo: un caso típico es el de una jovencita que se entrega por primera vez a un hombre para demostrarle su amor sin primero poner en claro lo que ella espera y desea, si espera casarse y que después de hacer el amor el hombre le ponga el anillo de compromiso y no lo platican es muy posible que nunca se casen pues la mayoría de los hombres lo toma de manera más casual.

No hay que perder de vista que somos diferentes, aunque somos de la misma especie, nuestro género tiene características propias que nos hacen diferentes a hombres y mujeres, si bien esas diferencias nos enriquecen por eso es típico que a lo que le damos mucha importancia las mujeres los hombres lo pasen desapercibido, por ejemplo son pocos los caballeros que cuidan el detalle de celebrar todas las fechas importantes para las damas, por eso yo sugiero que si para mí es muy especial mi cumpleaños, haga planes y los comente con mi pareja y seres queridos, si bien las sorpresas son muy lindas y románticas, no siempre la otra parte sabe lo que queremos, por eso es necesario tener definido todo en una relación, hasta los pequeños detalles, si para mí son importantes las fechas decirlo, y es más enviar mensajes sutiles y comentar ya faltan dos semanas para mí cumpleaños, estoy emocionada porque voy a cumplir años, y por no decir que queremos hacer, hasta organizarlo con nuestra pareja y amigos.

Entre más definimos las cosas más nos conocemos y más descubrimos que tanto somos compatibles y que tanta satisfacción nos provoca estar con nuestra pareja. Siempre hay señales de alarma, pero si no tenemos en claro las cosas las pasamos por alto, para evitar esto vamos a hacer un ejercicio práctico que nos ayudara muchísimo, Vamos a realizarnos unas sencillas preguntas y procurar hablarnos con la verdad, viajar hasta nuestro interior y desde nuestra intimidad responderlas:

¿Qué queremos?

(Aquí aplica todo lo que esperamos de una persona, lo que creemos que esta persona es, las expectativas que ponemos en ella aun sin haberlo platicado pero que damos por sentado que así será. Lo que suponemos que dicha persona hará o valorará de nosotros, incluyendo cuando permitimos que esa persona pase por encima de nuestra dignidad y esperamos que lo interprete como la máxima muestra de amor)

¿Qué ofrecemos?

(Son todas las potencialidades que tenemos, las habilidades, lo que sabemos hacer, los temas que dominamos, las destrezas y todas las situaciones o virtudes que nos hacen ser una persona única)

¿Cuáles son nuestras mayores necesidades a cubrir?

(Puede sonar un poco rudo el decir que siempre buscamos satisfacer necesidades, pero es la realidad, si estamos en una relación es en búsqueda de satisfacer necesidades, estas pueden variar de acuerdo a cada persona, y pueden ir desde la búsqueda de compañía para platicar y para recorrer el camino de la vida, la formación de una familia, tener hijos, pasar los años juntos cimentando los instantes que permitirán que los hijos se impulsen para ser buenos ciudadanos, personas, buenos profesionistas y a su vez formen buenas familias, entre otras cosas.)

¿Qué merecemos?

(Para poder responder a esta pregunta es necesario tener pleno conocimiento de quienes somos, lo que valemos, lo que implica ser y estar en la vida de alguien, es lo mismo que una prenda de joyería, conocer su valor monetario y simbólico para poder entender cuál es el trato que merece, por ejemplo, la pintura más valiosa cuanto valor tiene en el centro del museo, siendo la atracción más importante, y ¿cuánto vale esa misma pintura en un tubo de cañería? Es la misma pintura, pero no es valorada de la misma manera, por eso es importante autoevaluarnos y saber cuánto valemos para poder definir lo que merecemos y lo que no)

¿Qué podemos permitir en nombre del amor?

(Teniendo una autoestima sana es la única manera de poder definir los límites entre que podemos permitir y que no, si bien es muy lindo tener acciones que demuestren el amor, tenemos que cuidar que esas acciones no afecten nuestra persona, estatus e integridad, lo primero es amarnos y respetarnos, partiendo del entendido que respeto es no denigrar la dignidad, y si me respeto pues no denigro mi dignidad)

. . .

¿Qué no vamos a permitir en nombre del amor?

(Cuando llegamos a este punto es muy importante saber que las respuestas anteriores ya nos dieron un amplio panorama de cuál es la realidad respecto a lo que estamos viviendo, por eso ya debemos tener bien definido que no vamos a permitir, por ejemplo: Puedo cambiarme de vestido antes de ir a una reunión por complacer a mi pareja en ese momento, pero no puedo cambiar mi estilo de vestimenta porque a mi pareja no le gusta.

Estas respuestas nos darán la pauta para tener en claro qué tipo de relación queremos e ir analizando si la relación que tenemos es la que queremos. Desde los inicios de la humanidad el ser humano se ha cuestionado sobre todos los temas y en todos los ámbitos y esto le ha permitido en primera, saber, conocer y aprender cada vez más cosas, en segunda al descubrir más cosas se puede evolucionar y tener una mejor calidad de vida, y al adquirir aprendizaje a través de la adquisición de conocimiento nos volvemos expertos en los temas, por consiguiente entre más me conozco más me descubro y entonces aprendo las mejores formas de hablar, actuar, las conductas adecuadas y el comportamiento correcto.

Al saber todo lo anterior puedo tener definido nuestro proyecto de vida, y realizar planes realistas que permitan fijarse metas que se puedan lograr a corto tiempo, para esto tener pensamientos positivos es muy importante, ser optimistas nos permite estar motivados lo que se traduce en mayores esfuerzos y disciplina para el logro de las metas y sueños. Soñar no es malo, pero si nos fijamos sueños vagos no los podremos lograr, pues para hacerlo se necesita una fuerza de voluntad y una perseverancia que no se tendría sino se tuviera la seguridad del potencial que tenemos, tener fe en sí mismo que dará la fortaleza y el tesón para luchar, pues es muy fácil soñar lo difícil es el trayecto entre que sueño y cumplo mi sueño que es donde realmente mostramos de que estamos hechos.

"Andy desde muy joven empezó a formar en su mente que era lo que quería en la vida, era pobre de un pueblo muy alejado de la capital, vivía con su familia en una humilde casita de madera y piso de tierra, con escasas hamacas para dormir y solo sus padres tenían cama y una improvisada división de tela que hacia la función de paredes de una recamara, todos los hijos dormían en la misma habitación que era la otra parte de la casa, tenían apenas una mesa con unas sillas y un tejabán muy humilde hacia las funciones de cocina, ahí al aire libre su madre cocinaba en un fogón que estaba al centro, unos troncos cortados de un mismo tamaño eran las sillas y una tabla improvisaba un comedor familiar, se comía lo que se cosechaba en la milpa, el padre trabajaba de jornalero en los ranchos vecinos y la madre apoyaba con los gastos creciendo animales de pluma, pavos, patos, pollos, gallinas de los cuales vendía aliñados y los huevos, además que entre más se reproducían más opción había de cocinar en las fechas importantes y cumpleaños, esto lo complementaba saliendo dos veces a la semana a hacer limpieza y además le llevaban ropa para lavar y planchar en casa, ver todo el sufrimiento y lucha de su madre la llevo a soñar con ser una mujer que aprendiera un oficio, se fuera a la ciudad para trabajar y estudiar, era muy dedicada y esforzada, rápido consiguió trabajo en casa de unos parientes de sus padres que vivían en la capital a quienes les gustaba mucho como realizaba los quehaceres porque lo hacía rápido y bien hecho por lo que le dieron la oportunidad de estudiar la secundaria los domingos y después la educación media superior, mientras tanto ahorraba y le mandaba dinero a sus padres que fueron utilizando para los gastos, componer la casa y ella ahorro para comprar el terreno donde Vivían y el de alado, ya su padre no tendría que pedir prestado donde sembrar, sino que ya lo harían en el terreno de Andy, todo indicaba que sus sueños y metas se cumplirían por completo, iban encaminados a ello pues estaba dedicada a conseguir sus metas, después de terminar la educación media superior donde obtuvo su diploma de carrera técnica consiguió un trabajo en una oficina, donde laboraba de lunes a viernes de 2 de la tarde a 9 de la noche y en la mañana como siempre hacia los quehaceres en la casa de sus tíos para tener más dinero, viajaba dos veces al año a su casa y llevaba dinero para ir comprando más gallinas, incluso cerdos y le puso a su madre una granja y con eso evito la necesidad de trabajar fuera de casa, ya para entonces sus hermanos ayudaban también y la situación iba mejorando más cada vez, ella cursaba el primer año de la carrera de administración de empresas y ya soñaba con ser la administradora de una gran empresa, y sentía cada vez más cerca sus sueños, ya recordaba pero cada vez con más distancia los momentos de sufrimiento en su pueblo natal, ya no se veía regresando a vivir allá y soñaba con llegar a casa de sus padres en su propio vehículo y con dinero dos veces al año, cada vez su ropa era más citadina y en su piel no quedaba ningún rastro de los días soleados y el descuido en su cabello era historia, sus manos estaban suaves cual terciopelo y los callos del pasado no habían dejado huella, al ver esas hermosas manos nadie podría imaginar que un día hicieron trabajo rudo todo parecía marchar viento en popa y ella estaba feliz pues sus padres estaban orgullosos de ella y de lo que había logrado, su situación había cambiado y Vivían decorosamente, cada que alguien vendía una vaca, o un terreno les decían a los padres de Andy, ellos que ya tenían línea de teléfono le comunicaban y los bienes de ella cada vez aumentaban más, un día dentro de la cotidianidad del tráfico de la capital, llego tarde a su trabajo 15 minutos lo que le costó un retardo y tuvo que acudir con el área de recursos humanos y personal a firmar su retardo, cuando estaba en la oficina entro el hombre más guapo que sus ojos hayan visto, era el administrador de la empresa, la saludo con una sonrisa y quedo prendado de su belleza inigualable, desde ese momento él quería verla y ella a él, buscaban cualquier pretexto para encontrarse a la salida y a la entrada, ella le platicó que le encantaba ir por un café a la cafetería de enfrente de la oficina antes de entrar al trabajo y él empezó a llegar también cada vez coincidían más y las pláticas parecían interminables ambos se veían contentos y felices, tanto que dieron rienda suelta a las emociones y después al sentimiento y antes de cumplir 6 meses de relación ya estaban sumergidos en una bella relación que disfrutaban plenamente, ella empezó a llegar tarde a casa de sus tíos y empezó a tener problemas con ellos por lo que todo llego al grado de que no solo perdió el trabajo ahí sino que se tuvo que salir a rentar, el al enterarse de lo sucedido le rento un departamento y empezaron a tener relaciones sexuales, pasaban mucho tiempo juntos al grado de que no le daba tiempo a Andy de realizar las tareas y empezó incluso a faltar por lo que empezó a tener problemas en la universidad y se tuvo que dar de baja temporal, al tener menos ingresos ya no ahorraba y la fecha que tenía que ir con sus papas llego pero no tuvo dinero para viajar y menos para llevar, por lo que lo aplazo, se sentía feliz por tener una relación pero se le complicaban algunas cosas, de repente un día su novio le dijo que tenía que hacer un viaje a Europa pero que en 15 días regresaba y se verían, que en cuanto pudiera él se comunicaría con ella, estaba muy ilusionada, se sentía feliz y soñaba con casarse con él, a los dos días de que se fue ella empezó a sentirse mal, con mareos, vómitos y se desmayó en el trabajo por lo que la enviaron al servicio médico donde fue atendida y le realizaron unos análisis clínicos de rutina, cuando salió el resultado el doctor con una gran sonrisa le dijo señora felicidades va usted a ser mama y tiene 2 meses y medio de embarazo, ella se quedó pasmada no sabía que decir ni que hacer, era algo que no se esperaba, si había deseado hijos pero no en este momento y sin estar casada que dirían sus padres que no sabían que ella tenía una relación, como un hijo sin terminar su carrera, salió del hospital y le envió mensaje a su amado para que le llamara urgente, la llamada nunca llego, anocheció y se quedó dormida con la vista perdida en el techo sintiéndose mal y sin saber que hacer, el mundo parecía haberse detenido, como le diría a su amado, como le diría a sus padres, que pasaría con su trabajo y que con sus sueños, pasaron los días y no supo de él, ella no decía nada en la empresa pues necesitaba seguir trabajando, se vencía el mes de renta la próxima semana y si no venía el, ella no podría pagar la cara renta, en ese momento se hizo consciente de su situación, la realidad no era alentadora, sintió que había echado todo a perder y parecía ver que no solo se le venían sus planes abajo como un castillo de arena golpeado por la ola sino que sentía que tenía el mundo en sus hombros y era muy pero muy pesado, ya no podría regresar con sus tíos, que le daban una recamara para vivir y ese trabajo le hacía falta pues habían pasado dos meses y no había mandado dinero a sus padres y ellos le cuestionaban que sucedía, y ya no tenía más escusas que dar, se encontraba acorralada y muy dolida, había dejado la universidad y su vida se veía de cabezas pues ahora estaba en la capital sola y embarazada, estaba sumida en sus pensamientos cuando suena el teléfono y al contestar levanto la mirada y directo hacia su área de trabajo, una hermosa pareja entraba al edificio, y el escalofrío la invadió pues se dio cuenta que venía su amado de la mano de una bella y elegante mujer que la saludó con una sonrisa como te llamas soy... dijo el nombre pero ella no alcanzó a escuchar, solo entendió mi papa como regalo de bodas nos ha dado esta empresa a partir del lunes mi esposo se hará cargo de la empresa y yo seré la presidenta en lugar de mi padre "verdad mi amor asevero mientras tomaba su rostro con sus manos y lo besaba enfrente de ella", se quedó paralizada, estaba embarazada de un hombre que se fue a Europa a casarse con otra y regresaba casado sin siquiera saber que ella le iba a dar un hijo, su comportamiento tan amoroso hacia su esposa le dolía a ella pues parecía restregarle en el rostro el poco valor que para él había tenido la relación con ella, la garganta parecía estar cerrada y por inercia contesto, ahora entiendo y clavo su mirada en él, se quedó sentada en la recepción dándole vueltas al asunto, en momentos avanzaba su trabajo y en momentos a la distancia alcanzaba a escuchar el timbre del teléfono, termino su jornada laboral y parecía caminar como zombi por las mismas calles donde lo hizo con el amor de su vida tomados de la mano, sonriendo y con la misma expresión de su rostro que acababa de ver frente a sus ojos pero ahora con otra mujer, sentía ganas de correr hacia él y pedirle una explicación pero a su vez tenía totalmente claro lo que estaba sucediendo, todas las palabras dichas y los planes de vida eran falsas, todas las promesas no se cumplirían porque eran mentiras, y aunque al recordarlas parecía ver que eran sinceras la realidad le gritaba que había sido engañada, que cayó en las manos de un mentiroso que solo se aprovechó de ella, cuando se dio cuenta estaba en la puerta de su vivienda, entre tantos pensamientos dando vueltas en su mente no se dio cuenta siquiera que empezaba a llover, a como pudo entro y de manera lenta y aparentemente serena pues el dolor parecía bloqueado en ese momento y todo lo que predominaba era la confusión y el asombro, miro detalladamente cada parte del lugar y cuando posaba sus ojos en algo le traía recuerdos de lo vivido con él, era indudable que su entrega fue sin límites, que se había fundido a su ser el amor, las caricias y los besos de quien la enamoro y luego se casó con alguien más, suavemente se sentó en el sofá donde tantas beses rieron y se besaron, las escenas parecían tan reales al recordarlas que casi escuchaba las risas, durante toda la noche se quedó ahí y como película recorría cada instante con el hasta que los rayos del amanecer empezaron al pintar el horizonte y se dio cuenta que la noche había pasado y se preguntó qué voy a hacer, decidido bañarse, tomar café e ir a trabajar, los días pasaron y al llegarse la fecha del pago de la renta ella le marcó a su oficina y le dijo que necesitaba hablar con él y él le dijo saca cita para la próxima semana estoy ocupado y ella dijo y yo estoy embarazada y no tengo para la renta, el brinco en su silla y se aferró al escritorio y le cuestiono? ¿Cómo dices? ¿Ella dijo estoy embarazada y él preguntó de quién? Y ella dijo como de quien, pues tuyo y necesito tu ayuda no sé qué hacer, él le dijo como comprenderás soy un hombre casado y no puedo hacer mucho por ti, dime cuanto es la renta y te lo paso en un sobre, y quédate con todos los muebles y cosas que te di, mientras no se vea la panza ven a trabajar para que tengas servicio médico donde aliviarte y ahorra para que puedas hacerte cargo del bebe, yo tratare de apoyarte en lo más que pueda con la condición de que no me des problemas pero si entiende que las cosas han cambiado, tengo que cuidar mi imagen y mi matrimonio, no puedo arriesgarme a tener problemas ahorita que tengo mi vida resuelta, ella sintió morirse y no sabía que pensar, y entonces se inspiró en su embarazo y en cómo poder enfrentar eso, y empezó a ver cada vez las cosas con mayor frialdad, ya no se dejaba llevar por el sentimiento de decepción que la llevaba al llanto a raudales, se dijo si bien no me apoyará como deseo, entonces me enfocaré en lo que realmente me importa que es mi bebé, y planeo como hacer cada cosa para poder sacar adelante a su bebe, comprendido que no tenía caso pelear con el hombre o hacer un escándalo que solo la llevaría a tres cosas, primero perder su trabajo porque él ya tenía un lugar privilegiado y decidido que todo el amor que sentía se lo entregaría a su hijo pues sería su razón de ser y existir, cumplió su promesa y le dio la cantidad de la renta y en lugar de pagarla le dijo a la señora que necesitaba tres días para cambiarse y rento un cuarto pequeño con su baño pero muy cerquita de la empresa donde podía irse caminando, y evitar pagar pasaje y además ahorrarse el desayuno pues le daba tiempo de elaborarlo, cada peso era indispensable para su futuro bebe, puso en venta algunos muebles y joyas que él le había regalado, no le dijo que se había cambiado de casa y solo le hablaba una vez al mes para pedirle el dinero de la renta y el de la luz, la cantidad siempre era fija pues en no sabía que ella pagaba menos y tampoco iría a verla pues estaba enfocado en su matrimonio, así ahorro lo más que pudo, busco trabajo haciendo limpieza y consiguió por dos meses pues apenas se dieron cuenta que estaba embarazada le dijo la señora que no podía continuar, pero ese dinero lo guardo integro para los primeros meses de embarazo por si la despedían, los últimos meses del embarazo estaba solo con el sueldo de la empresa y veía como se paseaba su amor con su esposa felices y contentos, aun así ella no daba problemas, sino al contrario buscaba cualquier momento para tomar amistad con la presidenta, al grado de que un día fue a un festival y le compro algo que ella le comentó que le gustaba mucho, un postre que hacía mucho tiempo no comía, y cuando la vio llegar le dijo licenciada le tengo una sorpresa y le saco el paquete de los dulces artesanales que le había comentado y la presidenta se alegró mucho con su regalo y la invito a tomar un café, ahí platicaron y le comento como había sido engañada por el hombre que amaba y que estaba sola sacando adelante a su hijo, de esa amistad surgió el apoyo laboral y logró que no la despidieran y le dieran sus 3 meses de incapacidad y después le permitieran volver a trabajar, el manejar los problemas en que se había metido por sus malas decisiones con inteligencia y astucia le permitió ir poco a poco resolviendo para poder salir delante de la difícil situación en que se había metido, las cosas poco a poco parecían ir tomando rumbo pero un día sin avisar llego su papa a casa de sus tíos quienes le dieron el número de teléfono de donde ella trabajaba y al sonar el teléfono ella contestó y escucho la voz de su padre diciéndole que estaba en la ciudad y la quería ver, no sabía qué hacer, se quedó pasmada pensando, sabiendo la decepción que sería para su padre verla embarazada, sin esposo, sin estudiar en la universidad y con todos los sueños rotos, cuando logro respirar y le dijo que se verían en su cuarto y cuando ella llegó pues fue inevitable lo que sucedió, su padre se sintió decepcionado, engañado y le dijo que en ese momento tendrían que irse a su pueblo, ella le dijo que no podía en ese momento porque tenía contrato en su empresa y tenía que trabajar para poder tener servicio médico y tener a su bebe sin pagar nada y además si era parto normal le pagarían tres meses de incapacidad y si llegara a tener alguna complicación también seria atendida al igual que su bebe, también le dijo que contaba con el apoyo de la presidenta y tenía la posibilidad que después del parto siguiera trabajando, y que iba a continuar la universidad apenas su bebe tuviera unos años, Con dolor y decepción su padre se fue, casi no hablaron, ella le dio algo de dinero y comento que tenía todo bajo control, que no se preocupara pero eso no mitigo el dolor de quien tenía toda su esperanza de una vida mejor en su hija, ella frustrada y sola enfrento su embarazo, tuvo un parto normal y seguía recibiendo su sueldo por incapacidad y la cantidad mensual que el hombre le daba, además al momento de saber que había nacido su hijo le dio una cantidad de dinero para que comprara cuna y cosas necesarias con la condición de que no le solicitara le diera su apellido, ella aceptó y continuo mucho tiempo en esa situación, hasta que pasaron los años y su hijo fue creciendo" Todo esto se pudo evitar si Andy en lugar de escuchar solo las palabras y dejarse llevar dando rienda suelta a la emoción piensa y razona las cosas, ella era metódica y tenía todo planeado por eso empezó a tener mucho éxito pues entre mayor era su disciplina y perseverancia más cosas obtenía, por eso pudo comprar, ahorrar e invertir pero el enamoramiento la sacó del contexto organizado que ella traía y como inicio una relación sin definir de que tipo era, con que planes, cuales reglas, pues simplemente dio todo sin pedir nada a cambio y eso recibió "NADA".

CAPÍTULO 2

CASTILLOS EN EL AIRE

CUANDO NOS REFERIMOS a la frase "Hacer castillos en el aire" queremos dar a entender que una persona se ilusiona con algo que considera y quiere, esto es aplicable a una idea o a una persona, ¡pero todo con poco o nulo fundamento que de certeza que será así! Esto sucede porque nos enamoramos y queremos tanto algo que nos dejamos llevar por la fuerza tan grande que provoca en nosotros el deseo y pasamos por alto la razón y la lógica para dar paso a la imaginación y entonces empezamos crear una historia fantástica en la que parece que, si puede ser posible, cabe mencionar que si lo deseamos con mucha fuerza la imaginación es tan compleja y elaborada que hasta la misma persona cree en la posibilidad de que sea cierto.

Si bien la imaginación y la creatividad nos son muy útiles en todos los ámbitos de nuestra vida, es necesario distinguir cuando estamos hablando de la realidad y cuando estamos inmersos en la fantasía. Tener una mente y actitud positivas nos ayudan a lo largo de la vida, nos impulsa a realizar cosas, nos permite ser perseverantes y luchas por nuestras metas y sueños más sin embargo es importante que razonemos bien las cosas y de ser posible buscar ayuda, apoyo y acompañamiento de una persona profesional en salud psicoemocional que nos ayude a concluir si estamos por buen camino o solo construyendo castillos en el aire.

Es importante saber que existen situaciones que pueden ser muy parecidas a castillos en el aire donde los sueños parecen no tener posibilidad de realizarse y al final si se realizaron, por eso es muy importante analizar detalladamente las posibilidades, hagamos un ejercicio en el que nos preguntamos lo siguiente: ¿Qué quiero? ¿Qué tengo? ¿Qué me falta? ¿Qué puedo hacer para conseguir lo que me falta?, con estas simples respuestas podemos apoyarnos analizando y sacando una conclusión que nos ayudara a ver si son castillos en el aire o existe posibilidad de que, perseverando, con disciplina, preparación y practica se puede lograr, respecto a este tema podemos citar historias de personas que tenían muy claro lo que querían, se fijaron metas y lucharon por sus sueños a pesar de los obstáculos:

Una de adversidad y que hasta triste puede parecer es la de J. K. **Rowling** la hoy famosa escritora creadora de Harry Potter. Pues para empezar la editorial le sugirió cambiar su nombre de pila por las dos iniciales que hoy utiliza por el simple hecho de que siendo mujer pudiera ser que vendiera menos, además el libro le fue rechazado más de 11 veces, porque a las editoriales le parecía que no era interesante. Ella llegaba a un café donde empezó a escribirlo y cada rechazo acudía de nuevo a ese lugar, todo parecía imposible y que no se lograría pero siguió luchando porque se lo publicaran tocando puertas en busca de sus sueños y ese tan rechazado libro hoy tiene más de 500 millones de ejemplares vendidos, si ella no hubiera tenido en clara la posibilidad de cumplir su sueño en cualquiera de los rechazos habría tirado la toalla pero siguió luchando, pues cumplir los sueños no es como en los cuentos de hadas, donde se dan de manera mágica y milagrosa, en la realidad hay que luchar por ellos.

El límite lo marcamos nosotros, existe una frase que describe muy bien la perseverancia y el positivismo que podemos tener día a día, "Si puedes soñarlo, puedes hacerlo". Todo lo que nos proponemos de manera razonable, real y conscientes de que nuestros sueños no son fantasiosos lo podemos materializar aplicando esfuerzo, valentía, perseverancia, venciendo el miedo y luchando cada día. Pero mucho cuidado no podemos sonar con que nos saldrán alas y volaremos como pájaro, no estamos diseñados para eso, por eso es importante ponerse metas que se puedan lograr, no poner los ojos en imposibles.

Todo lo que otro humano puede lograr lo puedo lograr yo pero siempre y cuando yo trabaje en todo lo necesario para que ese sueño se vuelva realidad, si yo quiero ser profesionista como alguien que admiro lo puedo lograr, solo tengo que invertir, tiempo dinero y esfuerzo para cursar, 3 años de kínder, 6 años de primaria, 3 de secundaria, 3 de preparatoria, 3,4 o 5 años de universidad, más los necesarios hasta lograr la maestría, especialidad o doctorado soñados, se dice fácil pero durante todo ese tiempo se requiere dar lo mejor de sí, porque si bajamos la guardia y se reprueba, entonces pondremos obstáculos a la obtención de los sueños. Existen historias reales de muchas personas que han logrado sus sueños y han hecho grandes cosas, grandes inventos, grandes negocios cuando en sus inicios eran personas que aparentemente no tenía ninguna opción de éxito, pero su determinación en busca de ese éxito les inspiro cada día para sobrellevar cualquier adversidad, para ver como retos los obstáculos que la vida les ponía, cada puerta que se cierra da la oportunidad de ir a tocar otra puerta.

La diferencia entre una persona analfabeta y una con doctorado es todo el camino que tuvo que recorrer, el esfuerzo, dedicación disciplina y sobre todo los obstáculos y problemas que tuvo que superar para llegar a la meta. Un claro ejemplo es un escalador de montaña, cada paso que da se acerca más al pico de la montaña, pero, entre más camino recorre, más cansancio, agotamiento y obstáculos difíciles, pues entre más alta es la montaña más empinada esta la subida hacia el pico, esto sin enumerar otros factores como el clima, el relieve, la flora, la fauna, los vientos, la altura y la cantidad de oxígeno, por eso muchas personas sueñan con escalar el Everest y pocas alcanzan la cima.

Quien piense que puede alcanzar sus sueños sin esfuerzo estará condenado a no alcanzarlos nunca, es muy bonito ver cuando un atleta logra una medalla de oro, pero es bueno preguntarse cuantos años de preparación necesito para lograrla, cuanto dolor sintió, cuanto cansancio, cuantas veces quiso rendirse, cuantos días sintió ganar de no continuar con los entrenamientos, cuantos problemas tuvo que enfrentar para poder continuar, cuantas competencias quiso alcanzar y no pudo, todas esas respuestas nos darán un panorama de cuanto es el precio que hay que pagar en tiempo dinero esfuerzo, disciplina y dedicación hay que invertir para poder vivir como deseamos, para poder alcanzar nuestras metas y sueños.

EXPECTATIVAS.

Es típico que cuando nos enamoramos tenemos expectativas de la persona, esto podemos decir que es normal, el solo hecho de amar a alguien parece llevar implícito el hecho de que esperemos cosas y acciones de esa persona, pero hay que ser muy cuidadosos que dichas expectativas sean lógicas, reales y que exista mínimas probabilidades lógicas de que realmente puede suceder, no puedo tener las expectativas que un artista se va a enamorar de mí y se va a casar conmigo, si no tengo nada que ver con el ambiente artístico y ni siquiera voy a generar un contacto con él, y no se trata de que no tenga los valores y virtudes para hacerlo, pero estas suposiciones tienen que considerarse como posibles, debe estar bien sustentada y además enfocada al futuro más allá del sentimiento, si no es así entonces resulta absurda e imposible de cubrir. Recordemos que las expectativas es la esperanza de que algo ocurra, pero van vinculadas a una emoción y peor aún en ocasiones a un sentimiento y si dicha expectativa no resulta satisfactoria entonces el individuo sentirá decepción.

La mayoría de las veces nos sentimos decepcionados porque personas no cubren las expectativas que teníamos de ellas, pero es muy alto el porcentaje de personas que incluso desconocían que esperábamos eso de ellas, entonces no solo la persona que nos decepciona tiene la culpa nosotros también tenemos que asumir nuestra parte de culpa pues armamos solos lo que esperamos sin siquiera hacerlo del conocimiento de quien esperamos lo cubra. Es muy común pensar que lo que yo supongo y espero el otro ser lo adivina y además lo va a cubrir, y no es así, hay que vivir con las personas teniendo todo en claro, todo definido y a su vez con reglas.

Es necesario platicar en pareja y definir bien las pautas a seguir, el comportamiento permitido, las conductas no permitidas, las expectativas que tiene cada uno de la relación y de la pareja de manera individual, así como en conjunto. La fase previa a una relación es el momento idóneo en el cual se deben tratar todos los temas y definir todos los ámbitos para iniciar de manera responsable, comprometidos y conscientes de que tipo de noviazgo es el que vamos a vivir, también tener muy en claro que podemos tolerar y que no, empezando por los valores que son básicos en toda convivencia y más en la vida de pareja.

"Lulu una mujer que cuidaba siempre de su cuerpo y estaba al pendiente de su arreglo personal para verse siempre guapa y arreglada, acudió a la fiesta de cumpleaños de su mejor amiga, eran muy unidas y por consecuencia era muy importante para ella estar con su amiga, transcurridos varios minutos vio un hombre guapísimo que le llamo la atención en ese momento poso su mirada en él y noto que él la observaba también, luego se le acercó y le saco platica ella estaba fascinada de verlo, era como el príncipe que había soñado, educado, alegre con mucho tema de conversación, platicaban muy a gusto y las horas pasaron en la invito a bailar y se dio el primer contacto, ella sintió escalofríos al sentir que tomo su mano y empezaron a bailar ella estaba super nerviosa y temblaba de la emoción, él se dio cuenta y aprovecho la situación, al terminar la fiesta ya habían intercambiado sus números de teléfono, ella nunca pregunto nada de su vida, solo empezó a formar en su mente expectativas de él, de que la trataba de esa manera porque la amaba, que él sentía lo mismo, que harían vida justo, que sentía los mismos deseos de ella de no pararse nunca, que estaba locamente enamorado de ella, esto lo reforzó al ver que él le mandó mensaje llegando a casa y todos los días le mandaba mensajes de buenos días y de buenas noches, le preguntaba cómo estaba y ella sentía que tenía toda su atención, le mandaba mensajes porque era importante en su vida, interpretaba cada video, cada texto, cada imagen como si estuviera diseñada para ella y cuando la invitaba a salir, ella seguía fomentando las expectativas de él, entre mayor era la convivencia soñaba cada vez con mayor fuerza y formaba en su mente ideas cada vez más absurdas pues no tenía ningún fundamento, pronto empezaron a tener relaciones sexuales y ella se enamoraba intensamente, estaban a gusto y deseaba pasar mucho tiempo juntos pero no se lo comentaba a él para no verse rogona, todas sus ilusiones las guardaba dentro pero su entrega era cada vez mayor, el tiempo fue pasando de pronto ella se sintió mal, acudió al servicio médico, le hicieron análisis y resulto embarazada, le dio a él la noticia, soñando que le propondría matrimonio y resulto que era casado y no podría ni darle la vida de amor que esperaba ni hacerse cargo del niño, ella sintió morirse, no alcanzaba a comprender que eso estuviera sucediendo y no sabía qué hacer, la impotencia, la decepción y la tristeza le invadían, como seria su vida sin él si ella ya no sabía vivir sin él, y ahora con un embarazo, sola y llena de dolor" una vez más abordamos una historia en la que se inicia sin reglas, sin definir el tipo de relación que queremos vivir, sin conocer a la persona que nos gusta, sin conocer sus costumbres, religión, familia, trabajo amigos y damos por sentado que las cosas van a pasar como soñamos, pero parece que pensamos que con solo soñarlo va a suceder y no es así para que algo suceda tienen que desearlo los dos, ambos poner todo su empeño, compromiso y dedicación para que suceda, pues es algo compartido.

"Lía era una mujer muy trabajadora, muy guapa, de lindo carácter y buen corazón, que se dedicó a cuidar de sus padres hasta el día de su muerte, le gustaba mucho la costura y no estudio ninguna carrera porque las posibilidades económicas de sus padres no lo permitieron, eran varios hermanos y no hubo oportunidades pues la prioridad era comer, ella aprendió el oficio de su madre, como esta lo hizo de su madre y fue así en su familia por generaciones, dedicada a las labores del hogar por las mañanas, muy temprano preparaba café y lo que fuera posible para el desayuno, y se iba a la huerta familiar a sembrar o limpiar según lo marcaran las fases de la luna, después cosechaba lo que encontraba y lo llevaba a casa para comer, siempre cuidaba que existiera variedad de frutas, verduras, huevos y animales para vender y comer, cuidaba que todo en la casa fuera impecable la ropa limpia y la comida preparada a la hora indicada, después de comer en familia, dejaba la cocina limpia trastes lavados y se sentaba en su labor, su fiel máquina de coser le permitía cumplir con los trabajos que le encargaban y era cuidadosa de realizarlos rápido para producir el dinero necesario para los gastos, primero de la casa y salud de sus padres y después que ellos murieron pues se quedó viviendo sola pues sus hermanos todos se casaron e hicieron su vida y en menos tiempo de lo que ella se imaginó estaba viviendo sola, en una casa vieja, sin tener edad para tener hijos y con un deseo enorme de estar acompañada, cuando tuvo la oportunidad adopto un niño, se dedicó a crecerlo y educarlo como si fuera su hijo, su madre genética lo había abandonado y una tía le ayudo a obtener él bebe y lo llevo a registrar como madre soltera, nadie más sabia del asunto solo ellas dos, su tía que se vio abandonada por sus hijos y sin un lugar donde vivir se fue a vivir con ella y le ayudaba a cuidar al bebe, el tiempo fue pasando y la tía fallece pero el niño ya estaba de 17 años, pronto se convertiría en todo un hombre ante la ley y la sociedad, Lía esperaba este momento con ansias pues su hijo se graduaba de la prepa ese mismo año y con una carrera técnica ya podría empezar a trabajar y aportar a la casa a la vez que estudiaría una carrera profesional, sentía que todo valía la pena y que no estaría sola y desamparada nunca más, pero justo una semana después de la graduación se aparece el hijo muy molesto con Lía, reclamándole porque nunca le dijo que era adoptado y que como ella no era su madre él se iría con quien si lo era, el corazón se le partió en pedazos pues lo que más amaba en la vida la había abandonado, todas las personas que había amado se habían ido ya, se sentía vieja y cansada, no podría salir adelante esta vez con tanto dolor en su pecho, el joven se fue y se olvidó de Lía, pasaban los días y ni siquiera una llamada, ella se sumergía cada vez más en la depresión, sembraba poco, descuido la huerta y esta dejo de producir lo suficiente, no tenía ánimos de coser y tardaba en entregar los trabajos eso le hizo ir perdiendo clientes y tener cada vez menos ingreso, todo eso empeoraba su estado de ánimo hasta que se enfermó gravemente y estaba tan débil y deprimida que su cuerpo no pudo superar la enfermedad. Es muy lindo servir a nuestros padres hasta el final, ayudar a los hermanos y la familia, pero siempre con un plan de vida pensando en la vejez, vivir siempre para los demás nos provoca vacío y decepción, por eso al hacerlo nunca debemos perder de vista dos cosas: 1.- Que nuestras expectativas sean racionales y que la persona esté enterada y dispuesta a cumplirlas, para eso hay que seguir un proceso que permita preparar a las dos partes para que esas expectativas sean cubiertas. 2.- Estar consciente de que lo primero soy yo, que debo cuidarme, amarme, respetarme y dar, pero con medida y enseñando a quienes les doy a que lo merezcan y sepan agradecer, en especial a los hijos es necesario enseñarles que como padres tenemos obligaciones con ellos, pero ellos como hijos tienen obligaciones también con nosotros.

EL VALOR DE UNA PERSONA.

Regularmente nos enamoramos de personas que en algún momento no sabíamos que existían y mucho menos de su familia y costumbres pero como es que un ser que no conocíamos se convierte en el centro de nuestra atención hasta el grado en el que ponemos todas nuestras expectativas, sueños, planes y proyectos a su disposición, con el acceso libre s todo, compartiendo todo si tiempo atrás ni imaginábamos que estaría a nuestro lado, es interesante aprender que el valor de las personas se lo damos nosotros, ellas por sí mismas no tienen ningún valor, decidimos darles valor e importancia, empezamos a compartir nuestro tiempo, nuestro espacio y entre mayor convivencia más deseamos coincidir con ella o el, esto parece no poder evitarse pero si podemos amar y darle el debido valor a una persona pero sin idealizarla, entregarse, disfrutar pero entender que no es el oxígeno para nosotros, por lo que podremos vivir este o no este en nuestras vidas.

"Charly se enamoró de una mujer que para él era lo máximo, la más guapa, la más agradable y el tiempo a su lado parecía maravilloso y empezó a crear en su mente ideas, expectativas y sueños sobre la persona, mirar sus ojos, era motivo de fascinación para él, no tenía ojos para otra persona, ella poco a poco se volvió todo lo que él quería tener, vivía solo para ella y poco a poco su mundo se vio más reducido, en su afán de atenderla y que nada le faltara, dejo de socializar, de cuidar su persona, vivía para trabajar y consentirla, pasaban los años y el ya no convivía con nadie fuera del trabajo y de ella, todas sus vacaciones, fines de semana y su vida en general giraban alrededor de ella, se sentía el hombre más feliz al saber de la llegada de su primogénito, era la conjugación de su amor y la máxima expresión de la plenitud de perpetuarse por la eternidad, a partir de ahí su amor iba a multiplicarse en muchos seres, y eso lo hacía maximizar su alegría y se dedicó más a ella y al bebe, cuando ella se sentía mal en la cuidaba y atendía personalmente, al poco tiempo se embarazó de su segundo hijo y el humor de ella se vio modificado, se sentía mal, siempre estaba enojada y cada vez era más dependiente él y empezó a absorber cada vez más su tiempo hasta que Charly descuido su trabajo y entonces vio las consecuencias económicas, y cuando el dinero empezó a escasear ella se molestaba muchísimo, le exigía y tenían cada vez discusiones más intensas donde ella le recriminaba y ejercía violencia psicológica en él, como resultado ella se fue, lo abandono y busco una persona que económicamente implicara más beneficios, no le importo dejar a sus hijos con su padre ella se fue a vivir la vida y disfrutar, que fallo aquí? Charly actuó de buena voluntad, se enamoró y dio lo mejor que tenía de sí mismo pero en su afán de hacerla feliz y de no perderla sobre paso los límites, dejo de ser el hombre del que ella se enamoró para ser un ser manipulable que se descuidó a sí mismo, y la mayoría de las personas queremos a nuestro lado a una persona que valga la pena, que cuide su imagen, que sea de éxito, que haga bien su trabajo y que cumpla con sus obligaciones, pocas personas quieren tener a su lado a alguien con baja autoestima, con codependencia emocional, miedo a la soledad y diversas situaciones que lejos de darnos certeza nos fomentan inseguridad, esa imagen fue la imagen que Charly le dio a su mujer y ella fijo sus ojos en alguien más. Obviamente le destrozo el corazón con su abandono y hasta la fecha han pasado los años y el no deja de hablar de ella, aun a pesar de la distancia él le sigue dando un valor muy alto a ella en su vida, por eso es importante discernir entre cual es el valor correcto que le debemos de dar a una persona y cuando estamos desfasados en dicho valor.

Uno de los indicadores de "AUTOESTIMA SANA" es amarme y valorarme por sobre todas las cosas, es muy lindo amar a nuestra pareja, pero siempre cuidadosos de no pasar por encima de nuestra dignidad, todo debe ser con medida y sin caer en la codependencia emocional, y ante la primera circunstancia que nos duele buscar ayuda psicológica.

CAPÍTULO 3

EN NOMBRE DEL AMOR

SE HAN HECHO y dicho tantas cosas en nombre del amor que parece que el darle ese enfoque logra que todo lo que ocurra se justifique por eso. Al sentir atracción por alguien comienza la liberación de la hormona llamada oxitocina que se relaciona con el deseo de tener relaciones más estables por lo que la serotonina con el paso del tiempo (algunas teorías aseguran que de 8 meses adelante y hasta tres años dura el enamoramiento) disminuye paulatinamente su producción para ser sustituida por una producción cada vez mayor de oxitocina, por eso es que al transcurrir el tiempo en una relación más cambian las cosas respecto a las emociones, a las sensaciones que vivenciamos, y cómo reacciona nuestro cuerpo, pero durante este cambio puede dejarse de producir la serotonina sin que empiece la producción de oxitocina y es ahí donde las personas empiezan sentirse incomodas y sus pensamientos, tiempo e ideas toman otro rumbo, es muy importante tener en cuenta este proceso para poder entender como suceden las cosas.

"Karla era una chica muy linda y con muchas ilusiones vivía en un hogar estable y era la menor de los 7 hijos de la pareja, sus padres como eran grandes pusieron poca dedicación a su educación, no hacían espacios de tiempo para darle consejos, la consentían demasiado y lo más perjudicial era que le permitían cosas que a sus hermanos no, por lo que al crecer mimada y sin carencias veía el mundo de color rosa, era caprichosa y pensaba que todo se lo merecía, veía a las demás personas con un sentido de inferioridad cuando eran diferentes a ella, cuando cursaba la secundaria conoció a un chico que se le acercó, se portó agradable ante sus ojos, muy divertido y le decía prácticamente todo lo que ella quería escuchar y muy cariñoso le propuso amor, ella cayó rendida a todas sus palabras y empezó a faltar a la escuela para estar con él, pronto empezaron las relaciones sexuales y a los dos meses ella de escasos 14 años estaba embarazada. Ahí comenzó lo difícil, el hombre no reconoció al bebe, dijo que no era suyo la trato muy mal acusándola de andar con otros hombres y querer hacerlo tonto con ese niño cargándoselo a él pero que buscara a otro que se lo mantuviera, entre muchas otras frases denigrantes, ella sentía morirse pues se había entregado a él para demostrarle cuanto lo amaba y el lejos de valorarlo la desprecio pensando que al igual que con él lo había hecho con otros. ¿Qué le fallo a Karla? Pues que a su corta edad no recibió la educación adecuada, la consintieron demasiado y no le mostraron que en el mundo había peligros que no todos la tratarían como en su casa y que el único lugar seguro era su hogar, muchas chicas piensan que entregar su virginidad a alguien es una muestra de amor, que ellos como hombres lo tomaran como la prueba máxima de amor y lo cierto es que no hay nada más errado, no podemos creer que las demás personas tomaran las cosas como las tomamos nosotros, cada persona es diferente y piensa de manera particularmente personal, cuando una persona ama de verdad a una jovencita, la respeta, la impulsa a estudiar, a realizarse y después le propone matrimonio, si alguien propone cama primero es porque es eso lo que quiere y además es algo pasajero.

YO EN SEGUNDO LUGAR.

Pueden ser muchas las causas que hagan que una persona ponga a otra persona antes que a sí misma, pero también hemos aprendido social y culturalmente que es incorrecto que yo piense en mí primero, todo indica que lo moralmente correcto es poner a los demás primero, desde ahí aprendemos una instrucción dañina para nuestra autoestima, y para ser socialmente aceptables vamos realizando acciones que otros marcan como buenas y suprimimos las que realmente nos ayudan a tener una salud psicoemocional equilibrada.

De ninguna manera es egoísta pensar que en mi vida yo soy el protagonista y que todo gira alrededor mío, no nacimos para ser mártires, ni para complacer a los demás, lo hicimos para ser felices, para aportar y para enriquecer la vida en general, para poder amar a los que nos rodean tenemos que amarnos a nosotros mismos, pues solo podemos dar de lo que tenemos.

Si bien es correcto ayudar a los demás, primero debemos suplir nuestras propias necesidades y luego apoyar al otro, no se caiga en el egoísmo, todo debe tener un equilibrio, no rebasar la línea media, ser generoso no significa dar todo y quedarnos sin nada, es ayudar sin perjudicar a nadie ni a mí mismo. Cuando nos amamos y nos valoramos podemos hacerlo con otras personas y seres vivos.

Si rebasamos los limites normales, empezamos a tener comportamientos que no son sanos y vamos realizando actividades que nos agotan de más, que traen ningún beneficio y a su vez al final lejos de recibir la energía positiva que nos retroalimenta al ser bondadosos, damos paso a provocar que otras personas nos usen, abusen de nosotros y terminar decepcionados.

"Tina de 19 años soñaba con estudiar y salir de la pobreza en que había nacido, soñaba con encontrar a su príncipe azul y por la ausencia de su padre ella siempre creo expectativas de lo que un hombre, muy alejadas de la realidad por cierto, su madre trabajaba como camarera en un hotel donde durante todo el día tenía actividades que realizar por lo que salía muy temprano de casa y llegaba muy tarde para poder cubrir los dos turnos y apenas le alcanzaba para pagar renta, luz, agua, teléfono y las necesidades básicas, su hija estudiaba y trabajaba soñando que un día sacaría a su mama de trabajar y compraría una casa, Tina fue anidando en su mente ese sueño y cuando salido del bachiller consiguió un trabajo de recepcionista en el hotel el turno de la noche y así podría ayudar a su madre con más gastos y se inscribió a la universidad en el turno dominical, parecía que todo llevaba el orden correcto y que cumpliría sus sueños pero todo cambio cuando conoció al contador del hotel, era un hombre 20 años mayor que ella que tenía su despacho contable y cada 15 días llegaba al hotel a revisar la administración y por las facturas, notas etc., desde que lo vio su corazón salto de felicidad, nunca había sentido tal emoción, quedo maravillada al ver entrar a un hombre bien vestido, guapo, elegante, con mucho porte e inteligente, como el príncipe azul que ella había soñado, él le sonrió y se presentó, y era la voz más varonil jamás escuchada, escucho su carrera y su cargo se sorprendió más, lo anuncio a la oficina administrativa y se quedó descifrando todas las emociones que ese desconocido había provocado en ella, y así cada 15 días, la atracción fue mutua, y empezaron a hablar por teléfono, luego la invito a desayunar, paso por ella a la vuelta del hotel y se fueron a desayunar ella se sentía realizada de salir con un hombre tan caballeroso, parecía un hombre perfecto y en su mente fue reemplazando todo lo que ella soñaba por sueños compartidos, él le dijo una historia que suele ser típica en algunos hombres, "SOY CASADO, PERO TENGO MUCHOS PROBLEMAS, DESDE HACE AÑOS QUE NO TENGO NADA CON MI ESPOSA, SOLO ESTAMOS JUNTOS POR NUESTROS HIJOS" ella se creyó la historia que no es necesario pero lo diré ERA MENTIRA. Poco a poco él se convirtió en su prioridad, lo que le pidiera ella lo hacía ciegamente y empezó a decirle que sacara tarjeta de crédito para comprar cosas y que él le daría el dinero y que acumularían puntos a lo largo del año que les permitirían ir comprando las cosas de su futura casa, y así le fue diciendo cada vez más cosas y tramites como sacar su RFC y todo se lo vendía como una historia que les permitiría hacer un futuro juntos, obviamente el solo estaba disfrutando el momento, ganando tiempo pero sobre todo utilizándola en todos los aspectos, cuando ella empezó a sentirse mal y fue al doctor él le confirmó que estaba embarazada, entonces todo cambio al decirle la buena noticia, él lo tomo muy mal, le dijo que no podía ser posible que porque no se cuidó, y le gritaba cosas como no te puedes embarazar cuando no está en nuestros planes, tenemos otras cosas que hacer antes y ella le decía pero ya tenemos dinero y todo para poder irnos a vivir juntos y él le alegaba cada vez más cosas, pues en realidad nada de lo prometido era cierto, no había tal ahorro, ni puntos, ni planes de futuro juntos, él no tenía problemas en su casa y no se casaría con ella, por lo que se mostró ofendido porque ella no siguió los planes y le dijo que como ella había tomado la decisión de embarazarse que ella lo resolviera pues él no quería una mujer que hiciera lo que se le diera la gana, y por más que ella le explicaba que había hecho todo lo que él le había pedido, que siempre estaba en primer lugar el y ella se había quedado en segundo, no la escucho y ¡la dejo!, ella sentía morirse, lloraba por el abandono, lo buscaba y él la bloqueo, no le contestaba y ella paso el fin de semana llorando y encerrada, y el lunes aunque no tenía ganas de trabajar se alistó para ir a cumplir su jornada sin saber que hacer. Llego al trabajo y trato de continuar como si nada, todos le preguntaban si estaba bien y ella afirmaba que si, los días fueron pasando y el día en que él debía llegar por los documentos mando una persona de su despacho, Tina con escasos 20 años empezó a entender que todo había terminado, que se había desentendido de todo, que la había abandonado y decidido después del trabajo ir al despacho y tratar de hablar con él, estaba ahí su coche y le pidió a su asistente que la anunciara, su asistente la anuncio y le dijo disculpe me dice el contador que en este momento no le puede recibir porque está muy ocupado que deje su recado y sus datos, él se pondrá en contacto con usted, lo que ella hizo y se fue pero decidió esperar a que él saliera, como a las 3 horas salió el y ella lo abordo, le dijo tenemos que hablar y contestó: no tenemos nada que hablar tomaste una decisión ahora asúmela, yo no tengo nada que ver, le suplico por favor no me abandones embarazada, por lo menos dame los ahorros para la casa, y él le dijo no sé de qué me hablas y te aviso a partir de hoy dejo de ser tu contador paga a otro para que te haga tu declaración y pague tus impuestos si no quieres ir a la cárcel, dicho esto se subió a su auto y se fue, ella quedó paralizada, sin saber que hacer o pensar pues siempre en su mundo él fue el primer lugar, complacerlo y hacer lo que él quería era su prioridad, por voluntad propia le cedió a él la mayor importancia, y ella se desplazó a ser el segundo lugar en su propia vida y ahora él se iba con todo y ella quedaba sin nada, embarazada y con deudas y lio fiscal que resolver. ¿Como una persona desconocida fue capaz de lograr todo eso en Tina? Pues porque ella estaba predispuesta a que cualquier otra persona fuera protagonista de su vida y ella autodevaluarse, es muy importante saber que yo soy primero, que por más que ame tengo que usar la razón, que no podemos hacer mal las cosas pensando que saldrán bien, las palabras lindas suenan bonitas, ¿pero si yo no me valoro como podré lograr que los demás me valoren?

VALORARME.

Todas las personas tenemos un valor y ese valor es el que nos damos nosotros mismos y a su vez enseñamos a los demás que ese es nuestro valor, esto empieza por entender cuáles son mis cualidades y defectos (campos de oportunidad a desarrollar) y partiendo desde el desarrollo de mis habilidades y potenciar mis virtudes empiezo a comprender que soy un ser humano y que debo aceptarme como soy con todas mis características pero siempre con la madurez y razonamiento para detectar que puedo mejorar en mí sin que esto me cause inestabilidad sino la oportunidad de evolucionar. Valorarse es tener la idea clara de lo que soy, de lo que merezco, pues soy igual que los demás, no soy más ni menos y por lo tanto merezco el mismo trato, respeto y valor, pues soy tan capaz como cualquier ser humano de luchar y lograr con éxito lo que me propongo.

Sin importar las circunstancias vividas, las experiencias o incluso el dolor que se haya experimentado en la vida es necesario saber quién soy como soy y lo que merezco, para esto debemos cuidar tener autoestima sana, que no es más que el hecho de tener un auto valor adecuado de mí misma, para esto hay que invertir tiempo, dinero y esfuerzo, todo esto con mucha paciencia y perseverando en lo que queremos lograr pues desde ahí parte que todo sea y esté en completo equilibrio.

Tener autoestima sana no significa ser arrogante ni abusar de los demás, no parte desde el egoísmo sino todo lo contrario, cuando yo me valoro lo hago también con los demás, cuando me comprendo puedo tener la habilidad de valorar y comprender a los demás, hablar de estar yo en primer lugar significa que antes de dar, me cercioro de tener lo que estoy ofreciendo pues si en mí ser no tengo valor no puedo dar simplemente porque no tengo por más que sea mi deseo dar.

Ser auténticos, ser nosotros mismos es una manera de darnos el valor adecuado, entender que hay que definir que tenemos de potencial en nosotros y que consideramos que non es potencial, también definir que podemos cambiar para bien y que no podemos cambiar por ejemplo: Si en mí veo que mi tono de piel es blanco tengo que aceptar que con esos rasgos físicos nací, pero si descubro que mi carácter es muy instintivo entonces sí puedo buscar ayuda profesional para aprender las técnicas que me permitan mejorar mi carácter para poder fluir en la vida con mayor equilibrio y sin problemas, con esto damos por entendido que primero hay que definir el potencial y las debilidades, y el potencial hay que maximizarlo y las debilidades definir cuales podemos mejorar para trabajarlas y las que no podemos pues aceptarlas y aprender a vivir con ello.

El mantener un valor y autoestima sanos depende de nosotros, no de las circunstancias que vivimos pues cuando comprendemos que ambos los controlamos nosotros no permitimos que nada externo, que nadie, que ninguna opinión o situación la modifique. Hemos escuchado comúnmente a personas decir uff es que mi esposo me echó a perder el día, es que mi hijo me echó a perder el día, es que mi esposa me arruino el cumpleaños, y por raro que parezca, lo que sucede es que nosotros les permitimos a estas personas arruinar nuestro momento, ¿cómo pasa eso? Se preguntarán, ¡bueno!, simple, cuando una persona hace algo y nosotros no le damos importancia, ni a la persona, ni a su acción entonces no afecta en nada, solo dejamos fluir y la vida sigue, por ejemplo: "Susi siempre esperaba la fecha de su cumpleaños con mucha ilusión, de hecho meses antes empezaba a planear como celebraría su cumpleaños, cuidaba cada detalle, anotaba en su libreta a quienes invitaría, que día y hora lo celebraría, que decoración, que comida y que pastel serían los idóneos para su cumpleaños, entre más cerca la fecha más emoción sentía, cada año fue así, lo disfruto al máximo y nada perturbaba ese momento tan especial, de pronto conoció a un chico y este se convirtió cada vez en más importante en su vida, empezó a influir en sus tomas de decisiones, Susi le permitía cada vez más cuestionamiento de sus cosas y parecía que le agradaba dejar en manos de él todas sus decisiones, poco a poco él empezó incluso a decidir sobre el dinero que susi ganaba, al grado que tenía que justificar con un buen argumento cuando quería comprar algo con su propio dinero y si a él no le parecía correcto, ella aceptaba aunque eso no le gustara mucho, paso el tiempo y se acercó la fecha de cumpleaños de Susi, ella con ilusión le comento de planear su cumpleaños, él le dijo que no, que los cumpleaños son fechas como cualquier día y que no debían de gastar tanto dinero en un solo día para darle de comer a los demás, que había que ahorrar para casarse, ella se sintió triste pues todos los años desde niña celebraba su cumpleaños y para ella era importante, nada que le dijera lo hizo cambiar de opinión es más le dijo pues ya celebraste mucho ahora las cosas cambian, y así el día del cumpleaños llego, sus amigas y familia le preguntaban qué harían, como celebrarían y ella se sentía tan mal pues no sabía que decir ni que explicación dar de por qué ese cambio tan brusco, y lo peor es que dentro de su corazón estaba triste por no poder celebrarlo", aquí cabe la pregunta, ¿su pareja le arruino el cumpleaños?, parece que sí y realmente fue el quien influyo a que pasara triste su fecha de cumpleaños pero quien realmente permitió que se arruinara fue ella misma, desde el momento en que dejo de tomar decisiones y permitió que otro decidiera por ella, desde que le dio poder y dominio sobre su vida, decisiones y dinero, si es muy lindo que la pareja celebre lo que es importante para nosotros pero si el cumpleaños a él no le parece importante pues que no lo celebre él, pero Susi si lo considera importante y es un gusto que puede disfrutar darse. He aquí donde les digo que de nosotros y de nadie más depende, pero como ella estaba buscando la aceptación de él, su valor, su voluntad y su autoestima lo puso en manos de él.

De ninguna manera significa demostrar amor el hecho de dejar de ser yo, de hacer lo que me hace feliz para complacer a alguien más, amar es respetar la individualidad del otro ser, y esto implica permitirle ser auténtico, ser y hacer lo que le gusta, desde el momento en que una persona quiere cambiar tu esencia, entonces no te ama a ti y lo que eres, ama a un ser que no eres tú y quiere transformarte a su forma y expectativas hasta convertirte en lo que desea, y ¿dónde quedas tu? Una de las máximas expresiones de amor es admirar y valorar a quien amas, si esto no existe pues no hay amor como tal. Hay expectativas que una persona pone en mí y yo nací para ser feliz, si dentro de mi felicidad puedo compartir con alguien, que lindo porque nos complementamos, pero siempre partiendo de ser yo misma de cuidar mi esencia, de ser mejor cada día, pero sin que el cambio implique ya no ser yo o perder las características individuales que me identifican.

Todos queremos a nuestro lado una pareja segura porque eso nos brindará seguridad, una persona estable en sus emociones pues eso nos permitirá certeza en la relación, amar no implica ser dependientes de alguien, sino con nuestra propia independencia individual complementar la independencia del otro para formar y complementar la independencia de la pareja. Una persona sin libertad en su ser lejos de sentirse parte de una relación siente que la única forma de encajar en ella es pagando un costo tan alto que no le permite disfrutar, se siente coartada en lo que le hace feliz y eso siempre al final termina traducido en frustración. Cuando yo veo la vida sin egoísmos hacia mí entonces puedo compartir esa vida sin egoísmos para el otro, no podemos dar a nuestra pareja lo que no tenemos para nosotros mismos.

Cuando me valoro, lo hago con mi pareja, con la vida, con los demás seres, le doy valor a todo en su justa medida, ni más ni menos y esto permite lograr que la balanza permanezca estable y no se incline hacia ningún otro lado. La vida en pareja significa remar juntos hacia un mismo puerto, no se trata de que uno reme más que el otro, o que haga más marea, pues si uno rema más entonces ese dirige el rumbo y entonces ya no sería un rumbo en común sino uno individual.

Cuando nos valoramos sabemos y estamos conscientes de lo que merecemos y no le tenemos miedo al fracaso, todos en la vida nos equivocamos y cometemos errores, pero al tener autoestima sana, tomamos cada problema como un reto, cada situación como una enseñanza y el costo que pagamos como la colegiatura que se paga por un aprendizaje nuevo, nunca como un fracaso, pues el éxito no significa no equivocarse, significa tener el valor de sobrellevar lo que venga, luchando, esforzándose, perseverando hasta lograr la meta propuesta.

Conocer mi valor no significa que crea que soy ilimitado, solo que conozco que en las metas realistas los limites los pongo yo, aceptando que de mi esfuerzo y dedicación depende muchísimo de lo que voy a lograr, ser humilde para aceptar cuando ya no puedo o ya no quiero dar mi mayor esfuerzo, esto no significa irse dando por vencido a cada instante, no es sinónimo de humildad agachar la cabeza y sentirse derrotados, es saber que no siempre vamos a ganar y que si emprendemos un sueño y al final por alguna circunstancia no se logra pues tenemos la suficiente capacidad para aceptarlo, aprender de ello y emprender un nuevo sueño o nueva meta. Tener amor propio fuerte y autoestima sana nos permite levantarnos sin importar cuantas veces hemos caído, pero aprendiendo primero como caer y luego como levantarnos.

El tener amor propio y autoestima sanos nos hace sentir fuertes, empoderados, capaces de lograr lo que nos proponemos, permite que los comentarios negativos de otras personas no afecten nuestras decisiones y estado de ánimo, nos permite vivir sin ser influenciados por otras personas, hacer las cosas que consideramos adecuadas, darnos tiempo para nosotros, tener espacio para actividades recreativas, nos hace funcionar sin compararnos con los demás, envidiar o sentirnos inferiores, por eso es muy importante saber detectar cuando tenemos una necesidad psicoemocional y atenderla.

CAPÍTULO 4

¿QUÉ ES EL DOLOR?

CUANDO HABLAMOS de dolor nos referimos a la percepción de una experiencia sensorial y emocional muy desagradable que nos molesta y nos hace sentir incomodos, esta experiencia puede manifestarse dentro o fuera del cuerpo pues la pueden vivenciar todos los seres vivos que tengan un sistema nervioso central, pero desde el punto de vista psicoemocional también se considera un sentimiento, es decir que cuando sentimos angustia, pena tristeza o desesperación que afecten el estado de ánimo también se considera evento doloroso. Al dolor que se le puede atribuir a factores psicológicos, creencias, miedos o emociones que aumenten el dolor se le llama también dolor psicógeno. Este tipo de dolores provocan desequilibrios en la vida psíquica lo que impide un manejo adecuado de las emociones y sentimientos. Aristóteles tenía la idea de que sentimos dolor cuando actuamos en contra de nuestra naturaleza provocando dificultades en el logro de la realización.

Si bien existen personas que toleran el dolor físico esto tiene mucho que ver con lo que llamamos umbral de dolor y que es diferente en cada una de las personas, pero lo cierto es que a nadie nos gusta estar incómodos ni tener eventos que nos molesten en nuestras vidas, por eso es necesario aprender primero a prevenir eventos dolorosos en la medida posible porque existen algunos que no dependen de nosotros, pero los que sí, en esos podemos aprender las técnicas que nos permitan tomar el control de nuestras emociones, para esto hay que aprender cómo se realiza el proceso, a detectar la fuente de la información, de donde nos llega, como la recibimos, como es la percepción de dicha información, como la procesamos, como reaccionamos y como actuamos a consecuencia de esa información que nos causa dolor, cuando identificamos que parte de esta cadena es la que nos cuesta más, y aprendemos técnicas que nos permitan que ese proceso se realice de manera controla, en calma y sin reacciones instintivas podremos hablar que tomamos control de nuestras emociones. Esto de ninguna manera significa que ya no vamos a sentir emociones, significa que el impacto que estas tendrán en nosotros será diferente y con menor intensidad que cuando no tenemos control.

Para superar el dolor lo primero es identificar que existe la necesidad de superarlo, que nos está causando problemas y que no podemos continuar de esa manera, siempre que vemos algo con el enfoque de necesidad nuestro subconsciente lo interpreta como que hay que atender o satisfacer la necesidad y entonces se predispone a hacer, después hacerse consciente de que tipo de dolor se trata, y después evaluar las posibles soluciones pata poder decidir cuál es más factible y actuar de esa manera.

Sin importar el tipo de dolor que estemos experimentando, todos los seres humanos estamos dotados de la capacidad para superar cualquier dolor, lo que necesitamos es dominar las habilidades necesarias para poder lograrlo, y para eso se necesita ayuda de un profesional que haga la detección de prioridades a trabajar y parta de eso para armar el plan terapéutico. Cuando estamos sumidos en el dolor es normal decir que no podremos salir adelante, o que es demasiado pues cuando el dolor es por una perdida significativa, este puede variar de acuerdo a la sensibilidad que tenga cada persona. Cada persona reacciona de acuerdo a su fortaleza, autoestima y amor propio, pues el dolor es subjetivo y cada persona vive y metaboliza de manera diferente por lo cual la afectación del alma también es de manera personal.

Cuando experimentamos un evento doloroso intenso, podemos tener la percepción de que ese dolor no nos permitirá continuar, que vamos a caer en un vacío depresivo por la eternidad pero lo cierto es que con el paso del tiempo todos podemos superar una perdida dolorosa, este tiempo depende de muchos factores, como es la naturaleza humana hacia la búsqueda del equilibrio, la necesidad de evolución, incluso el mismo agotamiento por estar en un estado de sobrevivir ante el dolor que genera la necesidad de superarlo, algunas personas pueden recuperarse después de 6 a 8 meses de la perdida, logrando funcionar adecuadamente y logrando un estado de equilibrio psicoemocional o normal.

¿SUFRIR POR AMOR?

En algunas historias de amor es común leer que cuando sentimos amor obligadamente tenemos que sufrir, pareciera que para mostrar amor tenemos que sentir dolor, nada se encuentra más errado y más lejos de la realidad, sentir amor no es sinónimo de sentir dolor, sino todo lo contrario, sentir amor es adentrarse en un estado de alegría, de emociones positivas, de sensaciones que nos causan satisfacción, es caminar por un sendero donde todo parece adornado con las flores más bellas, y a eso es necesario sumarle que quien nos ama no nos hace daño, no causa dolor, no ofende y por consecuencia no hace llorar.

"Liza una joven de 17 años, de bello rostro, ojos expresivos, cabellera larga, de bonito carácter, con sonrisa que parecía dibujar una chispa en su rostro, tenía mucho carisma y era muy inteligente, tenía muchos planes en la vida, vivía feliz y alegre todo el tiempo, soñaba con tornear su cuerpo en el gimnasio, dedicarse a llevar una dieta sana y parecer modelo de las telenovelas, se esmeraba por maquillarse lo más natural pero profesional posible, quería terminar su carrera para poder estar capacitada para el mundo laboral y trabajar para tener buena solvencia económica, en su mente vivenciaba la escena del momento en que como profesional pudiera estar realizada, se veía en una elegante oficina, con asistente, chofer y mucho éxito, percibía hasta el detalle de su vestimenta y el porte al caminar, se metía en su sueño y anhelaba tener su casa, su coche, viajar por lugares maravillosos alrededor del mundo, conocer a su príncipe azul, tener un noviazgo de cuento de hadas y tener un hogar feliz, con hijos a los que parecía ver su rostro, casi a diario se sumergía media hora en esta dinámica de soñar con el futuro, pero no paro ahí, hizo planes y acudió a terapias psicológicas para empoderarse y para trabajar duro en su proyecto de vida, se esforzó y se disciplinó mucho, cuando estaba en 5° semestre de la licenciatura acudió a una reunión, la había invitado su mejor amiga que era de posición económica acomodada y tenía amigos de mucho dinero, Liza era una joven con mucho potencial pero escasos recursos, sus padres eran muy pobres su madre hacia limpieza y su padre trabajaba de jornalero en la agricultura vivían en las afueras de la capital en una casa muy modesta rentada, en la que tenían lo básico para sobrevivir, dos padres de familia y tres hijos, dos varones que salían a trabajar con su padre y liza quien quería una vida diferente, por lo que salía a hacer limpieza a las casas para pagar sus estudios, trabajaba los fines de semana y en las mañanas, pues de 1 a 6 de la tarde estudiaba cerca de su casa y en las tardes noches sus padres o sus hermanos iban por ella para acompañarla a casa, en su familia nadie entendía los sueños de Liza y como podía pensar que alguien de su clase económica y nivel social podría aspirar o soñar siquiera con una vida mejor si en su familia por generaciones había sido así, sobrevivir, salir adelante con los gastos del día a día y quienes más habían estudiado era hasta la primaria y después según fuera su género empezaban a trabajar, los hombres en el campo y las mujeres en la limpieza de las casas, pero no había palabras ni consejos que hicieran que cambiara de opinión, estaba muy segura que con mucho esfuerzo su vida sería diferente y así culmino la secundaria y tuvo que tomar una fuerte decisión, quería continuar sus estudios pero cerca de su casa no existía escuela para hacerlo y sus padres le propusieron que mejor se metiera a trabajar de tiempo completo, pues tenía 17 años y no podía irse de casa, ella decidió aceptar por un año para reunir el dinero suficiente para irse a la capital y rentar un cuarto, esto le permitiría trabajar y estudiar, por lo que pensó salir muy temprano el lunes a buscar otro trabajo y le comento a la señora con quien trabajaba que le diera permiso de faltar el lunes pues necesitaba buscar otro trabajo y le platico que sus ingresos los necesitaba para aportar en su casa y además para ahorrar para irse a la ciudad, su jefa se conmovió y le dijo que tenía una prima en la ciudad que andaba buscando una muchacha que trabajara y se quedara a dormir, le daban un cuarto y la paga era 2 veces más de lo que ganaba en su pueblo y prometió hablar con ella para que la apoyara a estudiar, también le dijo que en la capital existían escuelas a las que se acudía solo un día a la semana y estaban diseñadas para personas que trabajaban, el corazón de Liza brinco de felicidad, era la oportunidad que estaba buscando, tendría trabajo, casa, comida y la oportunidad de estudiar, todo sonaba maravilloso, por lo que acepto y fue a platicarle a sus padres que ya tenía trabajo y que podría apoyarlos económicamente y a la vez estudiar, a la familia no les pareció la idea pero como estaba decidida a irse hablo con su jefa para que fuera a hablar con ellos y al final termino por convencerlos pues se ofreció a organizar la ida de su hija y estar pendiente de que todo estuviera bien, al día siguiente estaba montada en el autobús rumbo a la ciudad con una pequeña maleta de pertenencias y un costal de sueños a cuesta, mientras se realizaba el recorrido hasta la capital no paraba de soñar con las escenas de telenovela que viviría a partir de ese día, cuando por fin llego a la terminal, estaba su nueva patrona esperándola, era una mujer joven, muy guapa y vestida elegante, parecía de telenovela, con maquillaje y el cabello cuidado, al mirarla le sonrió y ella se sintió en confianza, sabía que tenía enfrente la mejor oportunidad de su vida y estaba dispuesta a aprovecharla al máximo, sabía hacer el trabajo de casa bien pero tenía la disposición de aprender todo lo necesario para dar el mejor servicio, se subieron a un hermoso auto, nuevo y muy cómodo, no dejaba de ver por la ventana y hacia todos lados, la capital era enorme, las películas se habían quedado cortas con la descripción de la ciudad, había muchísimos edificios y las distancias eran enormes las calles repletas de autos y construcciones preciosas, las personas que caminaban estaban vestidas con ropas finas y muy bonitas, sus ojos estaban llenos de cosas nuevas, todo era como un cuento, estaba precioso, parecía otro mundo, nadie cargaba ropa vieja, desgastada o descuidados, todo parecía limpio, ordenado y daba la impresión de que no faltaba nada, su corazón brincaba de felicidad, las emociones estaban a flor de piel, las hormonas circulaban en su sangre a una velocidad que no podía comprender, parecía que sus órganos se saldrían del cuerpo, era ahí donde quería vivir, no se explicaba como sus padres y hermanos estaban resignados a la pobreza y a la forma de vivir llena de carencias, todos debían estar en la ciudad trabajando, buscando una vida mejor, cuando se dio cuenta la señora se estacionó frente a una hermosa casa y la puerta del estacionamiento se abrió sola y entraron a la propiedad rodeada de bellos jardines, parecían los de un palacio de cuento de hadas y la señora le indico que se bajara y que la ama de llaves le indicaría su habitación y las actividades que tendría que realizar, ella feliz miraba para todos lados y le dio gracias a la patrona, el ama de llaves parecía seria y gruñona pues era de edad mayor, ella empezó a hablar dándole las indicaciones de las actividades diarias, le dijo que irían a su habitación para que dejara sus cosas, se bañara y ya con el uniforme se presentara en la cocina para iniciar los trabajos, le dijo que le pagarían cada sábado a una tarjeta de banco que la señora le indicaría, que tenía derecho a comida, un día de descanso y vacaciones una vez al año, todo lo que escuchaba le parecía poco con todo lo que estaba viviendo, el sueldo era muy bueno y tendría su propio uniforme, le dieron 3 y no tendría que desgastar su ropa, recorrió la habitación, el baño y miraba todo tan elegante y bonito, así quería vivir, ya no en una casa de lámina rentada que cada que llovía entraba el agua por todos lados y tenían que mover todas las cosas y poner muchas cubetas, veía que estaba cada vez más cerca de lograr lo que se proponía, se bañó, se puso su uniforme y se presentó a la cocina, estaba muy nerviosa y se sentía apenada pero tenía que aprender a realizar su trabajo lo más pronto posible, mientras le explicaban estaba muy atenta y empezó a realizar las actividades que le indicaron, y muchas las sabia realizar pero había otras que involucraban tecnología que tenía que aprender, por ejemplo el uso de la planchadora automática, la podadora, nunca en su vida había acomodado los platos sucios en un lugar y la maquina llamada lava vajillas parecía muy complicada para ella, todos los recipientes eran de cristal, loza y no se parecían en nada a los económicos de plástico y peltre que usaba en su casa, la cocina estaba llena de aparatos que le daba miedo tanta modernidad junta, pero como era inteligente empezó a fijarse en el funcionamiento de todo, pasaba minutos observando como la estufa eléctrica cocinaba los alimentos sin fuego, le parecía arte de magia, pues en su pueblo cocinaban con leña que salían a recolectar y guardaban dentro de su casa y tapados con lona para que no se mojara, su economía no alcanzaba para estufa de gas, se sentía en un palacio de cuento de hadas, se despertaba muy temprano todos los días para iniciar sus labores antes que el ama de llaves y cuando ella llegaba ya encontraba a Liza realizando sus actividades, en un principio no le caía bien y hasta la miraba con recelo pero con su comportamiento se fue ganando que la viera como una joven muy trabajadora, amable y siempre presta a seguir indicaciones, la primera semana pareció transcurrir en un abrir y cerrar de ojos y sin darse cuenta ya era sábado 2 de la tarde día en que recibía su primer sueldo, con emoción se presentó en el despacho de la dueña de la casa y ella amablemente la saludo y le invito a sentarse en las cómodas sillas frente a su escritorio, la miraba con detenimiento, era una mujer maravillosa, hermosa inteligente, educada, se vestía muy elegante y la forma en que hablaba la tenía deslumbrada, en ese tipo de mujer se quería convertir, en eso pensaba cuando ella le preguntó ¿Qué tal tu primera semana de trabajo? Y con una sonrisa enorme le dijo muy feliz, estoy contenta con la oportunidad que me da de trabajar aquí y la voy a aprovechar al máximo, esa respuesta le gustó mucho a su jefa y le dijo "Liza estoy muy contenta con tu trabajo", al momento que se despedía de ella y le decía a partir de ahorita tienes tu tarde, noche y domingo libre, puedes salir pero tienes que regresar mañana entre 8 y 9 de la noche, y Liza se sorprendió y abrió los ojos como unos platos gigantes y pregunto ¿Hoy no puedo quedarme a dormir aquí? A lo que su jefa sonriendo le dijo por supuesto que si puedes hacerlo pero si quieres ir a ver a tu familia puedes irte hoy y regresar mañana, y ella dijo prefiero ir en un mes para no gastar en pasaje, a lo que le respondió "Como gustes, y extendió un sobre y le dijo esta es tu tarjeta del banco, ahí recibirás tu sueldo cada semana, no tiene ningún costo, supongo sabes manejar tarjetas bancarias y Liza respondió que no y su jefa se ofreció a que la semana que decidiera ir a su casa la acompañaría al cajero automático para enseñarle y le dijo te puedes retirar.

Esa platica le había confirmado que ser una mujer de éxito es lo que deseaba, y con su uniforme se fue a su recámara se bañó y se fue a recorrer el jardín, solo quería que sus ojos se llenaran de tanta belleza, a su mente venían cuantas cosas que había pasado antes de llegar ahí, tantas carencias, cuantos sábados a esa hora aún estaba con mucho trabajo y regresaba cansada y con poco dinero, pero ahora estaba en un lugar bello, lleno de flores maravillosas, el trabajo si bien le llevaba todo el día pues realmente no era pesado comparado a lo que realizaba en su comunidad y el pago era mucho mejor, y así sin darse cuenta se quedó contemplando la naturaleza, el jardín era tan elegante y había flores que nunca había conocido, había una fuente y llegaban los pajarillos a tomar de ella y sus trinos le hicieron recordar cuando caminaba rumbo a su casa y escuchaba en los campos trinos de diferentes aves, pensándolo bien su lugar de origen es bello pero demasiado pobre y la gente que vive ahí sufre tanto que no tiene tiempo para contemplar su belleza, cuando un sábado se iba a poder sentar horas viendo la naturaleza si llegaba tarde a casa y todavía a realizar varias actividades! Por primera vez sentía que estaba donde quería y esa sensación era tan linda que se preguntó si se parecía al éxito.

Sin notarlo el sol empezó a ponerse y sus últimos destellos brillaban en la fuente y miro hacia todos lados y las flores parecían con tonos más bellos, estaba empezando a desaparecer la luz del día, se levantó despacio dio un último recorrido y se dirigió a su habitación, no sabía que hacer pues tenía la noche y el día libre, nunca desde que tenía memoria había podido decir que un día descansaría, parecía que todo era difícil en su casa, que cuando ahorraba surgía cualquier problema y tenía que sacar dinero para resolverlo y le daba la sensación de siempre seria así y que sus sueños nunca llegarían, esta vez era noche del sábado y su pago estaba completo, no había gastado ni un solo peso, a pesar de tener techo, comida, artículos de higiene y lavar su ropa en un elegante aparato en el que la metía seca y sin siquiera mojarse las manos la sacaba después de unos minutos limpia y seca de nuevo.

Recorrió despacio la casa en silencio, los patrones habían salido todos muy arreglados cuando ella estaba contemplando el jardín, como era su día libre no le dijeron nada y ella fue a la cocina, tomo algo de fruta para cenar y se preparó un té que se llevó a su cuarto junto con una botella de agua, en ese lugar todo parecía cómodo, cálido y agradable, caminar era muy tranquilo, paso por el cuarto del ama de llaves y todo era silencio, no sabía si estaba ahí o había salido pero le daba la impresión de que estaba sola en esa gran mansión parecida a un gran palacio ante sus ojos, llego a su recámara, se dispuso a bañarse y ponerse cómoda, su ropa estaba muy bien acomodada en el clóset y su cuarto estaba muy bonito, todo adornado con cuadros, una cama matrimonial con edredón y almohadas de telas muy finas y suaves, tenía un tocador con 4 cajones y un espejo con luces, toda su ropa estaba colgada en ganchos para que no se arrugara, desde que llego y la plancho estaba ahí y no tuvo necesidad de usarla pues su uniforme era fino y muy bonito y lo usaba a diario.

Se dio un baño relajante y se puso cómoda en su cama, no sabía qué hacer con tantas horas sin obligaciones, decidió prender la televisión y ponerse a ver documentales de ciudades bellas del mundo, estaba en la capital y todo parecía cerca y por consecuencia soñaba que un día podría viajar a esos bellos lugares que salían en la televisión, cambio de canal y vio un programa de su ciudad, ahí mostraba un recorrido turístico por la ciudad y mostraba lugares muy bonitos, sorprendida se quedó mirando como había tantos lugares bellos en la capital, corrió al cajón por papel y lápiz para anotar los nombres de cada lugar, quería caminar por todos ellos, que sus pies no dejaran rincón de la ciudad que no pisaran, se decidió a investigar más sobre toda esa belleza, y también sobre cómo podría estudiar los fines de semana, no se le olvidaba que la señora que la reco-mendó le dijo que había escuelas en las que podría estudiar los domingos y estaba decidida a hacerlo.

Ya estaba en el lugar donde podría materializar sus planes y poder lograr sus metas, entonces se sumergía en su imaginación pensaba en cuanto ganaría cada mes y cuanto le daría a su familia pensó que los primeros 3 meses iría cada mes para llevarles provisiones y dinero pero los siguientes 3 meses iría cada mes y medio hasta que lograra ayudarles económicamente y con víveres pero después dejaría de ir para que lo del pasaje también se los diera, en su pueblo había un cajero donde se podía retirar dinero y pensó en decirle a su mama que abriera una cuenta ahí para que le mandara dinero para apoyarles, ya lo había decidido el 10 por ciento de lo que ganara se lo iba a dar a su familia, el otro 10 por ciento lo usaría para ella y sus gastos y el 80 restante para reunirlo para materializar sus planes. Lo tenía todo bien planeado y anotado en su libreta, y al cumplirse 3 semanas de trabajo le pidió a la señora que le apoyara para aprender a usar su tarjeta de banco, como podía retirar y que lugares le quedaban cerca de su casa para comprar, retirar dinero y como podría irse a la terminal pues el siguiente fin de semana se iría a ver a sus padres. La señora le dijo que el miércoles hiciera todo rápido y estuviera lista a las 6 de la tarde pues a esa hora pasaría por ella para enseñarle lo que necesitaba aprender, muy contenta ese sábado lo disfruto como siempre y empezó a planear como seria su salida con la señora, se ponía nerviosa y se decía a sí misma que tenía que aprender todo y llevaría su libreta para anotar los pasos que tendría que seguir para retirar dinero, para comprar y para ir a la terminal de autobuses, ese día muy contenta le marco a su familia a la caseta telefónica y les dejo el recado que iría el siguiente sábado y que estaba muy feliz de irlos a ver. Estaba muy contenta, sentía que todo iba marchando muy bien y que estaba aprendiendo, por fin sentía que su trabajo estaba seguro y que podría ya pensar en investigar sobre escuelas para estudiar, no quería quedarse estancada, quería estudiar, su sueldo y su trabajo eran muy buenos pero quería aprender muchas cosas, pensó en que la señora le explicara como podría comprar un teléfono celular para que su familia le marcara sin tener que molestar en la casa, tenía tantas preguntas que temía que al estar con la señora no sabría por dónde comenzar. Cuando por fin llego el miércoles se despertó a las 3 de la mañana para realizar toda la limpieza de la casa y lavar la ropa, cuando el ama de llaves se dirigía a la cocina ella ya estaba barriendo y trapeando, a lo que le cuestiono, que haces tan temprano, y sonriente contesto, la señora me pidió que me apurara a terminar mis cosas a las 5 para alistarme porque ella pasara por mí a las 6, el ama de llaves frunció el ceño y replico, pues apúrate porque si no terminas no podrás salir, hoy no es día de descanso, tu jornada termina a las 9 pm. Pero estaba tan feliz que no le importo el comentario y siguió haciendo sus labores, llego la hora de ayudar con el desayuno y ella ya había terminado de hacer limpieza en la planta baja, ya le había dado de comer a los perros y puesto comida a las aves, realizo las actividades cotidianas para el desayuno, lavo los trates y preparo todo para la comida, entre actividad y actividad ponía la carga de ropa para lavar a la hora de la comida sirvió y lavo los trastes y termino con la ropa, cuando faltaban 20 para las 5 estaba entrando el ama de llaves al cuarto de lavado, vio que las cestas estaban vacías y toda la ropa colgada y se dio la vuelta y cerró la puerta, Liza suspiro salió hacia su cuarto para alistarse y esperar a la señora, no sabía que ponerse ni como peinarse estaba muy emocionada seria su primer paseo por la ciudad, después de descolgar toda la ropa medirse todo, maquillarse y decidir que peinado se haría, por fin se miró al espejo y dijo estoy lista, solo un poco de perfume y desodorante y salgo a esperar a la señora, y así lo hizo como a los 15 minutos vio el auto de la señora entrar y se puso de pie, nerviosa, emocionada y con mucho miedo pero a su vez con mucha curiosidad de ir a conocer la ciudad. Buenas tardes Liza, buenas tardes, señora ¿cómo esta?, la señora sonrió y le dijo súbete, gracias por preguntar, vamos a armar la logística, quieres conocer que centros comerciales hay cerca, ¿dónde te queda cerca un cajero y como irte a la terminal para ir a tu casa y de regreso verdad? Ella respondió si, y quiero saber si caminando puedo pasear por algún lugar en mí día de descanso, que sea bonito y barato o algún parque, entiendo dijo su patrona y pregunto ¿algo más? Y ella con timidez dijo, quiero saber si hay alguna escuela para poder estudiar los fines de semana, le agradecería me ayude a investigar y disculpe tanta pregunta, la señora dijo claro te apoyo a investigar me muestras tus documentos y te digo que hacer, el recorrido era maravilloso, pronto llegaron a un centro comercial que estaba como a 7 cuadras, y había muchas tiendas, sus ojos no alcanzaban a entender el recorrido, pero no importa ese día con aprender a usar el cajero automático estaba bien, la señora le explico como 3 veces y le ayudo a retirar y depositar dinero, ella anotaba cada paso y por último lo hizo sola, le pareció muy fácil y se emocionó al ver que tenía ya las 3 semanas depositadas en su cuenta, por fin veía una cantidad tan grande junta, quería comprar tantas cosas para llevar a su casa que no sabía por dónde empezar, la señora le aconsejó que comprara lo que sabía que necesitaban más y que era difícil de conseguir en su localidad y que llevara el dinero para comprar lo que fuera fácil de conseguir en el pueblo, le fascino la idea de la señora, era tan inteligente que parecía como de otro planeta y tan culta que solo podía admirarla, sin darse cuenta estaban terminando las instrucciones de como irse a la terminal, muy cerca de la casa estaba una estación de metro, la señora le comento que el sábado que viajaría el chofer la acompañaría en el recorrido de ida y a su regreso iría por ella a la terminal para que aprendiera, su corazón brinco de felicidad, la señora era tan buena y la estaba ayudando tanto que sentía que ya nada le impediría lograr su sueño.

Los demás días de la semana pasaron con una velocidad impresionante y estaba a punto de dar las dos de la tarde hora en que iniciaba su descanso, ya solo estaba terminando los últimos detalles y su corazón brincaba de felicidad por volver a ver a su familia, se alistó tan rápido como pudo y empaco lo que llevaría en la misma mochila que trajo como maleta, pasaría al cajero por dinero, luego a comprar y la terminal de autobuses, estaba muy emocionada, el chofer la acompaño a todas sus actividades hasta que la dejo en la terminal y le mostró en que puerta de acceso abordaría su autobús, la terminal parecía más grande que el día que viajo y es porque esta vez lo hizo por una línea económica pues con el pasaje de la primera vez solo de venida cubría su boleto ida y vuelta y era importante economizar, se durmió en el autobús y despertó cuando anunciaron su arribo a la terminal, estaba de nuevo en su tierra, que genial, había sido cansado el viaje pero vería a los seres que amaba llevaba dos cajas y una de despensa, además de un paquete enorme de papel de baño, se había gastado casi el sueldo de una semana en todo lo que llevaba pero está feliz, el resto se los dejaría a sus padres, ese mes paso por alto su plan de solo el 10 por ciento, hacía falta tantas cosas en la casa que no se puso contener y gasto el 60 por ciento del sueldo de su semana, pero se consolaba a sí misma diciendo que cada día faltarían menos cosas en su casa. Cuando se encontraba jalando sus cajas y bolsas en la terminal vio a su padre y su hermano a lo lejos y le indico al guardia si le permitían que pasaran ayudarle a llevar sus cosas, su casa quedaba un poco lejos pero su padre llevo su viejo triciclo para viajar pero se llenó casi por completo con las cajas y la bolsa que apenas cabían para trasladarse, Liza no paro de platicarles todo lo que había visto en la ciudad, estaba tan emocionada que olvido preguntarles como estaban y que había pasado en todo ese mes que ella no había estado, se estacionó su padre frente a la casa y sin esperar apenas abrió su hermano corrió a la puerta y salió su madre y estaban reunidos esperándola, ella con alegría les empezó a platicar lo bien que le había ido en la ciudad y empezó a desempaquetar la despensa que había llevado, su familia no podía creer cuantas cosas había llevado, su madre partió en llanto de ver que su hija regresaba a casa llena de provisiones y con cara de felicidad, empezaron a acomodar las cosas y lleno la alacena y además llevo un vaso un plato y un juego de cubiertos para cada quien, además de una cortina para el baño, y un paquete enorme de papel de baño, sonriendo dijo ahora usaremos este en lugar de periódico, las horas pasaron y sin darse cuenta tomando café que había llevado con crema, azúcar y galletas de la ciudad empezó a amanecer, ella al ver los rallos del sol le dijo a su mama y su hermana que prepararían el desayuno, le pidió a su padre que reparara el gallinero pues el siguiente mes que los visitara compraría 3 gallinas y un gallo, y les pidió que comprendieran porque quería estar en la ciudad que la prosperidad estaba allá, sus padres y hermanos no estaba de acuerdo y la que la apoyaba era su madre diciéndole, la ciudad no es para nosotros, a lo que ella respondió, si están decididos a quedarse a vivir aquí vamos a producir alimentos, llevo semilla de sandia, chiles, naranjas y otras plantas y les comento a sus hermanos que en macetas sobre en techo se podían sembrar muchas plantas a como lo vio en la ciudad, tenía muchos planes de estudiar y que las cosas mejoraran para ella y su familia, con gusto alrededor del fogón cocinaron lo que ella llevó y cuando llegaron los demás miembros de la familia se sentaron juntos a comer sabiendo que en pocos minutos Liza tendría que partir de nuevo, terminaron de comer y llego el momento de despedirse, eso le partía el alma pero les decía que valía la pena ir a trabajar a la ciudad para poder llevarles despensa para que a ellos no les hiciera falta nada. El recorrido de regreso a la terminal solo ella hablaba y le decía a su padre y hermano que un día tendrían un terreno de 5 hectáreas para cultivar y vivir ahí, ya en la terminal llegaron a penas a tiempo pues ya estaban anunciando su salida, les dio un beso a cada uno y los abrazo a ambos con tanto fuerza como pudo, pasarían muchos días hasta el próximo encuentro, al regreso sentía nostalgia pero venían a su mente las imágenes de los momentos vividos en familia, como disfrutaron de los alimentos sin carencias y como la alacena de su casa estaba repleta de despensa como nunca la había visto y además les dejo algo de dinero, el próximo mes sería más recatada al comprar despensa para poder comprar los animales y que produjeran su propio alimento con esas gallinas tendrían huevos y podrían echar las gallinas para tener pollitos y aumentarlos de esa manera para en 3 o 4 meses poder comer de ahí.

Llego el segundo mes y fue ya sola a hacer su recorrido, esta vez llevo una caja de despensa y dinero para comprar los animales, el recorrido fue agotador pero al llegar y reunirse en familia todo cansancio se le olvidó, platicaron por horas tomando del café que llevo de la ciudad y cuando casi amanecía empezaron a preparar el desayuno, esta vez en lugar de quedarse a preparar la comida iría con su padre y su hermano a comprar los animales, cuando llego donde los vendían, decidió comprar 5 gallinas un gallo y por último convenció a la señora de venderle una gallina "Culeca" (lista para empollar los huevos) y 10 huevos fértiles para de una vez esperar su primera camada de pollitos, de nuevo se salió del presupuesto pero era algo necesario se dijo, con eso pronto tendrían sus padres más alimentos y tendría que comprar menos en la ciudad para llevarles, quería que se volvieran autosuficientes, que vivieran modestamente pero sin carencias, al llegar a su casa todo era felicidad, su madre no podía creer que llevara huevos y hasta una gallina. Con alegría entre todos acomodaron el lugar donde quedaría el nido de la gallina, se fueron a la mesa, comieron y de nuevo llego la hora de irse.

El tercer mes fue con una caja de despensa y dinero para ayudarles y ya las gallinas habían puesto varios huevos y desayuno de su propia producción y de la cosecha de la familia, le gustaba que su idea fuera haciendo nido en ellos y que aprendieran a aplicar lo que ella les comentaba, si su familia colaboraba ella podría darles la inversión para salir adelante pues cada vez sus visitas serían más distantes, pero se ocupaba de que tuvieran lo necesario para vivir. Paso un mes y medio más para que ella volviera a visitarlos ya le prepararon un caldo del primer pollo que había nacido y estaba grande ya, el caldo era delicioso y lo disfruto como nunca, las vivencias en familia eran como energía a su batería de lucha, esa vez les comento que se había inscrito a la escuela y que en un mes iniciaría sus clases por lo que necesitaba que su madre abriera una cuenta de banco para mandarles dinero pues solo podría ir cuando tuviera vacaciones en la escuela, la noticia puso tristes los rostros de los miembros de la familia pero ella les platicó sus planes y aunque no estaban muy convencidos pues terminaron por apoyarla, la iban a extrañar y veían que cada vez se alejaba más a su familia a lo que ella comentó, que no era así, que por amor a ellos llevaba tantas cosas y trabajaba mucho y se preparaba para darles una vida mejor, se despidió y la llevaron a la terminal como siempre sin saber cuándo seria la próxima vez que se verían.

Le consolaba saber que poco a poco estaba ayudando a su familia a tener menos carencias y que con lo que les daba podrían salir adelante, el pasaje para allá era caro y necesitaba optimizar hasta el último peso para poder ahorrar y estudiar en la ciudad, por lo que como en los primeros meses gasto más de lo planeado había hecho ajustes al plan de ahorro, buscaría una escuela cerca de donde trabajara y aprendería a irse caminando o en metro que es más barato y se iría desayunada y llevaría una fruta y agua para no gastar allá, eso le ayudaría a aumentar su capacidad de ahorro. El siguiente domingo se dedicó a planear como seria su traslado ida y vuelta a su escuela y muy temprano desayuno y salió a caminar con rumbo a la escuela, ya tenía un teléfono celular y ahí puso la dirección, le marcaba que en 40 minutos llegaba caminando por lo que decidió medir el tiempo hasta llegar, como era muy temprano y el clima en la capital era agradable y fresco no se le hizo pesado el recorrido y pensó que le servía de ejercicio y paseo. Disfrutaba caminar por las calles y ver las hermosas casas, vivía en uno de los fraccionamientos más bonitos y caros de la capital y tenía que caminar por las calles de otros tres fraccionamientos con jardines y arquitectura que le hacían sentir en un mundo diferente a su pueblo, disfrutaba imaginando que estaba en una película y que un día tendría una casa tan bonita como esas que veían sus ojos, con una familia feliz.

Por fin llego el primer domingo de clases y se despertó muy temprano a las 5 am para preparar su desayuno y lo que llevaría, entraba a las 8 de la mañana pero saldría de la casa 6:30 am para hacer su recorrido despacio y no agitarse, pues midió que el tiempo que había tardado era de 45 minutos a buen paso pero había llegado acalorada a la puerta del colegio y por eso decidió hacer el recorrido más despacio y sentarse a descansar antes de entrar, cuando llego a su destino faltaban 15 minutos para la hora de entrada y le dio tiempo de sentarse 5 minutos, tomar agua, luego ingresar al colegio para ubicar su salón y estar a tiempo, el campus era enorme, lo recorrió con la mirada y deseaba la hora del receso para poder contemplarlo mejor, se tomó algunas fotos para compartir con su familia y cuando ubico su salón, abrió la puerta y estaba casi vacío, era enorme y con desnivel como un teatro, el profesor ya estaba en el escritorio y la invito a entrar y escoger una silla, le explico que la silla que escogiera seria la que usaría por toda la materia, ella decidió en la última fila para tener una mejor vista de todo el salón, con nerviosismo subió y se ubicó en su lugar, desde ahí tenía una vista privilegiada, poco a poco se fue llenando de alumnos y llego la hora de iniciar la clase, el corazón latía a galope, era la sensación de lograr un sueño, la clase le pareció muy interesante, la acústica era perfecta y a la hora del receso decidió salir a recorrer el campus y conocerlo, sentarse un momento y desayunar para regresar a tiempo a su clase, en un suspiro se pasó la media hora de receso, y bueno ya tenía que regresar a su clase, a la salida podría dar otro recorrido, sentía como caminar sobre las nubes de tanta felicidad, el día en general fue maravilloso pensaba mientras regresaba caminando, estuvo genial aunque le venía a su mente que en su clase se presentaron y tuvo un momento feo pero supo manejarlo, al dar su nombre, lugar de origen y decir él porque estaba ahí una de sus compañeras dijo, "Estudia con nosotros cenicienta" y el grupo se empezó a reír, sintió como una cubeta de agua helada, sus piernas estuvieron a punto de sucumbir y el maestro interrumpió las risas con un severo regaño, y le dijo continua Liza, y ella continuo relatando lo bello que es el lugar de donde viene, aseguro que las carencias enseñan a valorar la vida y las cosas, y termino diciendo, felicito a mis compañeros y compañeras que han tenido más oportunidades que yo y no conocen las carencias pues son privilegiados, y les invito a valorar su vida y a sus padres por todo lo que les dan, y sepan que tambdién existimos quienes en lugar de extender la mano para recibir, trabajamos y la extendemos para darle a nuestros padres, y se sentó muy orgullosa de ser la única en su salón que en lugar de pedir daba, se dio cuenta que la quisieron humillar burlándose pero supo contestar, sin groserías, sin ofender pero diciendo una gran verdad.

Llego a su trabajo feliz y culmino la noche haciendo sus tareas, la semana la vivió con mucha alegría feliz y contenta de estar trabajando, cobraba su sueldo y lo administraba según lo planeado, les mandaba a sus padres y cuando iba a visitarlos les llevaba fotos y sus calificaciones, cuando iba a cumplir 2 años de estar en la capital, a sus padres les pidieron el terreno donde Vivían y tenían que mudarse, ella les dijo que checaran el precio de un terreno y su padre no podía creer que ella tuviera tanto dinero como para comprarlo, sin embargo checaron en varios lugares para que el día que ella fuera se pagara y se firmaran el inicio de los tramites, se fueron casi todos sus ahorros en comprar el terreno y lo demás alcanzaría para los tramites y la cambiada de casa, pero valía la pena por fin estarían en un lugar bonito como ella quería, era amplio y podrían sembrar, organizaron la cambiada de casa y con los mismos materiales de su casa anterior construyeron una pero ya en su terreno, Liza le comento a su hermana que una señora amiga de su patrona necesitaba una muchacha y que si quería trabajar se fuera con ella, sus padres no estaban muy convencidos pero accedieron, Liza decidió enseñarle todo lo que sabia y recomendarla, esperaba que hiciera las cosas como ella.

Como se propuso Liza la recomendó con la amiga de su patrona, la llevo a su domicilio, le dio consejos de cómo era la vida en la ciudad y le regalo un teléfono celular para estar en contacto todos los días, quedo de verse los sábados en la tarde después de terminar su jornada laboral para pasear por los lugares cercanos y el domingo después de su clase pasaría por ella para verse, le decía que ahorrara y le enseño su plan de ahorro, la invitaba a que se inscribiera a la escuela y se volviera profesional, la primera semana le costó mucho adaptarse, lloraba por las noches y empezó a contestarle mal a la señora que era ama de llaves, cuando se lo contaba a Liza ella le daba consejos de cómo comportarse, pero escuchaba poco y no ponía en práctica lo que le decía. Empezó a tener amistad con el hijo de la señora y le dio su número de teléfono, pasaban horas mensajeando y ella descuidaba sus actividades, al tercer sábado le dijo a Liza que no pasara por ella porque la habían invitado a comer, por más que liza le cuestiono, no quiso decirle quien ni adonde y menos escuchar sus consejos, salió con el chico a comer y luego a pasear, se divirtieron mucho y quedaron de repetirlo el domingo, Liza estaba muy molesta y fue a buscarla a su trabajo pero le dijeron que había salido, le marcaba al celular y apagado, hasta la noche del domingo hablaron y le dijo durante horas todos los peligros que implicaba la ciudad, no quiso escucharla y durante la semana no contestaba sus mensajes ni llamadas, el sábado salió con el muchacho a comer, luego al cine y a cenar, ahí le invito alcohol, una bebida que no había probado y empezaron a bailar, se sentía alegre y feliz y transcurrieron las horas y cuando se dio cuenta eran las dos de la mañana y pues ya no podían ir a la casa de la señora, el chico le dijo no te preocupes te llevare a un lugar bonito y seguiremos bailando y pasándola bien, total mañana es domingo y no hay problema que hora despertamos y ya en la tarde llegas a la casa tu primero y yo después, la chica se dejó llevar y tuvieron relaciones sexuales sin protección, el domingo en la tarde noche llego a la casa a trabajar y seguían mensajeándose, así pasaron las semanas, apenas tuvo contacto con Liza y fue para mandarle dinero a sus padres, no tenía planes de irlos a visitar, trabajaba a duras penas cubriendo la jornada laboral con mucho sueño porque se desvelaba en el teléfono, pronto recibió varias llamadas de atención, pero no le importaba porque continuaba saliendo los fines de semana con el hijo de los patrones, poco después de cumplir dos meses de servicio se empezó a sentir mal, la comida le caía mal, le daba mucho sueño y se desmayó, por lo que la señora la llevo al doctor le hicieron análisis y le dieron la noticia de que estaba embarazada, la señora lo tomo mal, la cuestiono mucho y le dijo que el siguiente fin de semana seria su último día de trabajo pues ella no quería una mujer embarazada y sintiéndose mal pues no podría desempeñar sus labores, de inmediato le aviso a su amiga y vecina, quien muy sorprendida mando a llamar a Liza para darle la noticia, ella no podía creer que su hermana cometiera tal error, era la oportunidad de su vida y la había echado a perder, como era posible que conociendo las carencias de su lugar de origen hiciera una barbaridad semejante, de inmediato hablo a la caseta de teléfono y les mando aviso a sus padres de que su hermana se estaba portando mal, no le hacía caso y que el sábado seria su último día de trabajo, no comento más. Mientras tanto su hermana le escribió al muchacho para darle la noticia de que estaba embarazada y él le dijo que si de quien y que no le fuera a él con ese cuento, creyendo que con eso lograría que se casara con ella, pues su familia nunca aceptaría que su heredero hiciera vida con una cocinera, y que mejor se fuera a su pueblo y no diera más problemas, es más te daré algo de dinero para que te vayas y no regreses, no se esperaba que reaccionara así, esperaba que estuviera feliz y que hicieran vida juntos, no podía regresar a su pueblo embarazada, sería la peor vergüenza para su familia, pensó en acudir a Liza que estaba muy molesta con ella y la regaño muchísimo, le dijo que muchas veces le dijo que a la ciudad venían a hacer dinero para llevar a su pueblo, no a gastar, no a pasear, no a buscar novio, ni fiestas, que había arruinado su vida y ahora regresaba a darles una vergüenza a sus padres y hacerles más complicada la vida, le dijo sabes hermana a cuantas fiestas, discos, cines he ido yo? ¿Sabes con cuantos hombres me he acostado? No vine a eso, vine a trabajar para llevarles a ustedes comida, sustento, les compre donde vivir y te traje a ti para que salieras adelante no pudiste esperarte siquiera un año para ahorrar y sales con tu barriga, te regresas al pueblo y que Dios proteja a mis padres de morirse del disgusto, camino llorando desconsolada hacia la casa de la señora y en el parque del fraccionamiento se encontró al papa del bebe, platicando muy sonriente y a gusto con una muchacha, ella se acercó y le dijo así me engaño a mí y ahora me deja embarazada para irse contigo, y él le dijo vete chacha a limpiar mi casa, eso la hizo llorar más, no sabía que hacer ni como superaría todo esto, tenía muy poco dinero en el banco y regresaría con sus padres a darles esa mala noticia, serian la comidilla de toda la comunidad, todos hablarían de ella y de cómo defraudo a sus padres. Por fin llego el sábado y Liza fue por ella, para llevarla a la terminal, no quería irse, quería buscar trabajo para ahorrar más, le lloro y le suplico, le dijo que tenía una amiga que le había dicho que una señora quería una cocinera y no le diría que estaba embarazada, que por lo menos podía trabajar dos o tres meses y esta vez sí ahorraría, le suplico y Liza accedió, la llevo a la dirección y le dijo te dejo aquí y te espero afuera a ver que te dicen pero no seré parte de este engaño, ella entró hablo con la señora y la recibió, le dio la oportunidad de quedarse a trabajar, era una casa bonita pero no tan lujosa como la anterior, la paga era 20 por ciento menos pero incluía casa y comida, esta vez quería ahorrar al máximo, y así estuvo trabajando 4 meses hasta que la señora la descubrió y le dio la oportunidad de trabajar un mes más para ahorrar e irse, para ese tiempo sus padres ya sabían y Liza tenía poco contacto con ella, pues estaba muy ocupada con sus estudios, siguió preparándose y estaba por graduarse, no tenía tiempo de otra cosa más que estudiar y trabajar, por fin estaba logrando su sueño y pensaba para su graduación pedir a sus padres vinieran a recibir sus documentos y sentirse orgullosos de sus logros, una semana antes de que vinieran a la ciudad busco un cuarto donde recibirlos mando a poner 3 hamaqueros y compro unas colchonetas, estaba feliz y obviamente invito a su hermana a su graduación, verla ese día la conmovió y le dijo que se quedara en el cuarto a vivir que ella iba a buscar un trabajo de su carrera y que podían vivir juntas, con la condición que no volviera a buscar novio, así fue mucho tiempo pues, la señora con quien había trabajado la recomendó en la empresa donde ella era socia y le dieron trabajo, ahí ganaba el doble que de sirvienta y empezó a relacionarse con personas afines a su profesión, había ahorrado y les había mandado a sus padres para comprar 5 hectáreas de terreno y unas vacas, además de una hectárea para la agricultura, se notaba la prosperidad de su hija que además nunca los dejo de apoyar económicamente, había una gran diferencia entre las dos muchachas que aunque hermanos tomaron decisiones diferentes, Liza decidió prepararse, salir adelante, ayudar a su familia y buscar una vida mejor y su hermana que de manera insensata al llegar a la ciudad tomó malas decisiones y empezó a tener relaciones sexuales con un muchacho irresponsable que solo se estaba divirtiendo con ella y por no valorarse ni seguir los consejos de su hermana vivo en carne propia lo que es sufrir por amor, tener un hijo sin padre, limitar la prosperidad de su futuro pues aunque su hermana le apoyaba por mucho tiempo con su bebe no pudo trabajar, con el paso del tiempo Liza conoció a un hombre maduro, profesionista como ella que tenía pensamientos parecidos y deseaba una familia, iniciaron como amigos y al año decidieron hacerse novios y a los tres años planearon casarse, formaron una familia muy bonita y muy estable, trabajaban hombro con hombro y compraron la casa de sus sueños, los viajes, los carros y ayudaban económicamente a sus padres y hermana. ¿Cuál fue la diferencia en esta historia?, la madurez, dedicación y esfuerzo que una aplicó y que le falto a la otra que al llegar a la ciudad perdió el piso, se olvidó de sus orígenes, de su propósito y se dejó llevar por la corriente citadina. Con las decisiones de hoy construimos la vida futura, pues nuestro presente construye nuestro futuro.

CONCEPTO APRENDIDO DEL AMOR.

El concepto del amor se aprende desde el vientre de la madre, cuando nos estamos formando somos impactados por todo lo que vive nuestra madre y todas sus emociones impactan al ser en formación, después de nacer aprendemos a través de los sonidos, el contacto, las atenciones, cuidados y la forma en que nos hablan, conforme vamos creciendo esos aprendizajes van tomando forma y de acuerdo a las etapas de nuestra vida los asumimos como conceptos y a lo largo de toda nuestra existencia aplicaremos el amor de acuerdo a la forma en que hemos aprendido.

Tiene mucha influencia la genética, pero sobre todo el ambiente, pues en la niñez aprendemos por imitación, por eso es muy importante ser cuidadosos en la enseñanza que le damos a nuestros hijos porque serán los conceptos que tendrán por el resto de su vida, esos conceptos aplicarán y de esa forma entenderán y recibirán el amor. Los conceptos aprendidos pueden modificarse o enriquecerse con dinámicas, técnicas y terapia, pero la mayoría de las personas no es consciente de que lo necesita hacer y van por la vida con ese comportamiento sin saber por qué. Incluso muchas personas hasta se justifican diciendo es que así lo hacía mi abuelo, luego lo hizo mi padre y ahora lo hago yo, sin tener en cuenta que el mismo resultado que les dio a ellos te dará a ti.

Es clásico hablar del amor romántico y apasionado que no ve defectos, que está dispuesto a todo, a superar cualquier obstáculo, problema o dificultad, ese amor que nos enseñan las películas o los cuentos de hadas en el que se libran batallas, se rescatan princesas, se usa todo tipo de fuerza, heroísmo y creatividad, pero eso a pesar de sonar muy bonito en primera dista mucho de la realidad, donde el amor se vive de diferente manera, pues en la cotidianidad las cosas cambian, de todos modos aun teniendo la disponibilidad de realizar ese tipo de amor de película, por más actos que se realicen, que se venzan dragones o se luche contra molinos de viento esto no garantiza la estabilidad y mucho menos la felicidad de la pareja.

En la vida real existen historias en las que se vivieron muchas cosas en nombre del amor, pero a pesar de que se esforzaron la relación no logro la estabilidad, fue un amor "llamarada de petate" pues hubo mucha lumbre, pero duro muy poco. En el amor es importante tener en cuenta si se trata solo de emociones o se está experimentando un sentimiento, las emociones aunque son muy intensas no se sostienen por mucho tiempo y su intensidad disminuye rápidamente, por el contrario el sentimiento no es tan intenso pero se sostiene por mucho tiempo, decimos que para hablar de un sentimiento tienen que transcurrir por lo menos 8 meses de convivencia diaria, pues solo transcurrido ese tiempo se empieza a conocer la persona, a ver sus defectos, y no solo sus virtudes, a mirar quien es en realidad y no solo las expectativas personales que se tiene de esa persona.

" Fran un hombre joven de 30 años, profesionista, en su edad adulta no se explicaba por qué le resultaban algunas cosas de una manera difícil y otras se le complicaban, ansiaba tener una relación estable, encontrar una mujer con quien hacer vida por muchos años pero cada que se ilusionaba con alguien el principio era muy lindo pero al poco tiempo todo se empezaba a complicar, en ocasiones creía que era cuestión de mala suerte, de salación o que el amor no estaba hecho para él pues todas las mujeres eran muy complicadas, e incluso pensaba que les gustaba a las mujeres complicarse la vida y complicársela a los hombres, que discutían por el solo placer de discutir, sin tener si quiera una razón para hacerlo, y en medio de esa idea errada estaba sumergido cuando en su trabajo le llego un oficio que era necesario que todos los empleados acudieran al área de desarrollo humano para contestar unos test y realizar unas pruebas psicológicas, le pareció algo absurdo pues a nadie le importaba la psicología, y en especial él no estaba loco y no entendía la razón por la cual la empresa solicitaba se hicieran los empleados esas pruebas, incluso pensó que pérdida de tiempo, la empresa no tiene en que gastar el dinero y por eso saca este tema, contesto el oficio explicando que tenía demasiado trabajo como para acudir a realizarse las pruebas y que por consecuencia no acudiría, además de que lo consideraba innecesario pues él se encontraba muy bien y apto para sus labores, cuando pensó que su postura había quedado clara le llega un nuevo oficio ya con fecha y hora para la cita, le explicaron que todos los empleados tenían que acudir sin excepción alguna por lo que aun en contra de su voluntad tuvo que acudir con la psicóloga, al llegar lo hizo con mucha resistencia y al saludarlo la psicóloga él le dijo, espero que esto sea rápido porque tengo muchísimo trabajo y no tengo tiempo para estas cosas, la psicóloga le dijo a qué cosas se refiere, y él respondió a este trámite, procedamos por favor, paso el tiempo de las pruebas, la psicóloga lo observo, y se despidió de él, a los pocos días le mando otro citatorio, a lo que molesto acudió, y antes del saludo le dijo, creí que le había quedado claro que no tenía tiempo para estas cosas, y ella le respondió, quien no tiene claro porque está aquí es usted, por lo que le invito a sentarse y le pido en silencio me escucha, cualquier duda al final de mi relato y con gusto se la aclaro, le explico el resultado de las pruebas y en cada ámbito que abordaba parecía que lo describía tal cual, como que fuera una radiografía de su vida, poco a poco fue relajando su cuerpo y empezó a entender de que se trataba, por más que él se quiso oponer realmente lo que necesitaba era estar en ese lugar y empezar a trabajar todo lo que no le permitía funcionar, cuando termino el relato estaba bañado en llanto, sin darse cuenta las emociones fluyeron tanto que no pudo contener las lágrimas, a la pregunta explicita ¿Tienes alguna duda? Agrego: ¿Cómo puedo mejorar? ¿se puede? Y entonces como dulce voz a sus oídos llego la frase: SI TÚ QUIERES SI, atentamente escucho el plan de trabajo y se comprometió a realizar todo a detalle, conforme acudía a otra cita todo tomaba forma, tenía una explicación y empezaba a mejorar, le causaba una sensación de que estaba poniendo orden en su vida y resolviendo cosas, durante 8 meses estuvo yendo a las terapias, pues cuando resolvió lo que le causaba conflictos laborales decidió seguir con las cosas no resueltas de la infancia, la vida amorosa y termino desarrollando inteligencia emocional, le gustaba tanto ir a terapia y aprender que cuando lo dieron de alta le causo una sensación de que iba a extrañar sus terapias y quería seguir aprendiendo, la relación con el mismo, con la vida, con los demás mejoro grandemente, de pronto empezó a tener más contacto con amigos y familia, se sentía feliz, contento y afortunado de la vida que tenía, a casi un año de haber terminado con su última relación decidió darse la oportunidad de convivir con chicas en el enfoque de buscar una relación, al convivir con chicas se dio cuenta que cuando lo hacía veía en ellas ciertas cosas que no le parecían y entonces decidía ser solo amigos, seguía visitando fiestas, antros y no encontraba lo que buscaba todas las chicas estaban muy bellas e incitaban a una relación pasajera pero ninguna cubría lo que él buscaba, y así pasaron las semanas y un fin de semana cuando regresaba a las 6 de la mañana de una fiesta bastante alcoholizado encontró a su vecina que iba saliendo y al verlo lo saludo y acudió a ayudarlo a cerrar su coche, después le dijo ven te ayudo a subir a tu departamento, él la miro y vio el rostro más hermoso que jamás había visto, su mirada era una ventana donde él quería entrar y quedarse, mientras subían ella le preguntó si se sentía bien, si había comido algo y se percató que lo llevaba abrazado para sostenerlo, por primera vez en su vida se sintió seguro y protegido, era raro pues apenas había cruzado palabra de buenos días en dos o tres ocasiones y le estaba ayudando a llegar a su casa, ya frente a la puerta le dijo dame tus llaves te ayudaré a abrir al momento que le soltaba el brazo y agregaba agárrate bien de mí no te vayas a caer, nunca se habían preocupado por el, cada que se alcoholizaba la mujer con quien estaba solo tenía muestras hostiles de enojo y todo terminaba en pleito, no sabía cómo interpretar lo que estaba pasando, entraron y no lo soltó hasta llevarlo a la cama, le dijo voy a prepararte un caldo para la cruda, ahorita regreso, descansa mientras, para él fue imposible dormir, sentía que estaba como en un mundo paralelo, como a la media hora escucho la puerta de su departamento abrirse, la puerta de su recámara estaba abierta y alcanzo a mirar que entraba con cosas en la mano, al querer incorporarse ella las dejo en la mesa y fue a la habitación, puso la mano en el pecho de él al momento que comentaba, no te levantes, te voy a traer el desayuno a la cama y aquí sentado comerás, te va a caer muy bien, si te lo comes bien caliente te vas a recuperar, puso una mesita de cama y le sirvió la comida, mientras le contaba los detalles de cómo lo preparo y sonreía para él, la escena parecía de un cuento hadas por un instante se preguntaba si estaba despierto o solo era un sueño, no sabía que articular o cómo actuar, pero la chica insistió come, está delicioso, solo que con cuidado porque está caliente, esas muestras de interés por su bienestar lo confundían, porque su vecina estaría interesada en que este bien alguien que apenas cruzaba palabra con ella cuando se la encontraba, pero decidió decir está delicioso, y realmente era sincero, siento que me cae super bien en el estómago, aunque me duele muchísimo la cabeza, se sonrió diciendo me imagino, te traje agua con bicarbonato y limón para que te estés hidratando, cuando termines de comer descansa y al despertar te bañas y quedaras como nuevo, agregue no sé cómo agradecerte, no hay nada que agradecer, somos vecinos, cuando necesites con gusto, bueno me despido porque voy a ir a caminar, sin saber dijo no te vayas por favor, cuando escucho su voz con lo que había articulado sintió un escalofrío enorme recorrer su cuerpo, a la vez sintió muchísimo miedo de que se fuera, no quería que ese momento terminara, su vecina sonrió y lo miro diciendo te acompañare otro ratito y después salgo, total lo que quiero es disfrutar de caminar por la ciudad en este bello domingo, no tengo un plan con horario, casi se terminaba la comida y dijo ¿me invitas a ir contigo? Sorprendida enuncio, pues si no te importa caminar muchísimo vamos, solo que como te digo no tengo un plan, me agrada la idea expuso Fran, yo tampoco tenía plan, pero ahora armaremos uno juntos, me voy a bañar y alistar rapidísimo, ella planeó me llevo los trastes y pongo orden para que te alistes a gusto, espérame comento Fran, lo miro y planteo si en mí departamento, es el número 7. Al estar listo fue por ella y salieron a caminar, eran como las 9 de la mañana y toda la ciudad parecía diferente, tenía un encanto que no alcanzaba a comprender, caminaban y la plática era tan agradable, entraban a los locales, y convivían como si se conocieran de años, estaba extasiado con el humor de esa mujer, parecía de otro mundo, pensó, incluso no parece ser el concepto de mujer que yo tenía, lo asocio y recordó lo trabajado en la terapia, era increíble lo que estaba viviendo, se dejó llevar y empezó a disfrutar, cuando se dio cuenta sentía hambre y es que ya eran las dos de la tarde y su nueva amiga parecía no tener ganar de dejar de caminar, le propuso comamos algo rico, ¿que se te antoja? ¿Cuál es tu comida favorita? Y se dio cuenta que quería saber tanto de ella, sonreía y lo hacía soñar, insistió dime, quiero complacerte, explico no conozco, soy de otro país y no tengo idea como que podríamos comer, propón tú que si conoces, era extranjera y ni siquiera se había dado cuenta, por su cabeza pasaban tantas cosas que no sabía que pensar, porque se sentía de esa manera con una desconocida, no sabía nada de ella más sin embargo quería que el día fuera eterno para no separarse, de repente se le ocurrió un lugar muy bonito, vamos a un lugar que me gusta muchísimo, no se esperaba la respuesta de ella, ¿Qué tipo de lugar, que se hace ahí y que precio tiene? Nunca en la vida se había visto ante tanto cuestionamiento, se sintió desconcertado, pero entendió que era un desconocido cuando ella le confesó que era un desconocido y necesitaba saber más datos de donde la quería llevar, a lo que él explicó, es un restaurante muy bonito queda a dos cuadras y ahí se come delicioso, me gusta mucho llegar ahí y quiero recomendarte algunos platillos que he probado, o mejor aún pedir 3 o 4 y probar un poco de cada uno, de nuevo su respuesta lo dejo confundido, más o menos ¿cuánto nos gastaríamos ahí? Para saber si se encuentra dentro de mi presupuesto, la miro y manifestó, tú me invitaste a desayunar, yo te invito a comer, todo está bien, vamos.

Caminaron al restaurante y se veía muy bonito y elegante, ella titubeó un poco en entrar él la convenció y comieron delicioso, la pasaron genial y después emprendieron el viaje de regreso a casa caminando, no sin antes pasar a un parque a ver el atardecer y descansar un poco, el parque quedaba como a 2 kilómetros de la casa, por lo que en el camino él exclamó, vamos a cenar en un restaurante que me encanta y luego a casa, la miro asegurando no acepto un no por respuesta, cenaron y caminaron lentamente a casa, se notaba que ambos deseaban que la distancia nunca terminara, pero inevitablemente llegaron al edificio, en la escalera de entrada lo esperaba una mujer que al verlo llegar salió a su encuentro a saludarlo efusivamente colgándose de su hombro y besándolo en la boca, él no sabía qué hacer más que quitarse las manos de encima y decirle cálmate y compórtate, no debes hacer eso, cuando delante la mirada su amiga había entrado al edificio y la mujer se colgaba de su brazo insistiendo que lo estaba esperando, fue como un despertar horrible de un bello sueño, era tan inoportuna la mujer, no quería ser grosero pero eran casi las 11 de la noche y esa escena había roto con algo tan bonito, la mujer la conoció en una fiesta y había estado con él en su casa el fin de semana anterior, se la habían pasado muy bien pero no era más que un fin de semana con una chica, tener relaciones sexuales y divertirse, pero lo que había sentido con su vecina era algo único y lo quería repetir, y ahora no sé cuántas cosas pasaban por la mente de ella, parecía que todo se había echado a perder y como podría entablar una amistad de nuevo con ella después de la escena, sabía que ella se habría formado una idea errada de él y qué pensaría que estaba comprometido, por primera vez en su vida sintió que estaba perdiendo algo valioso y a su vez sabía que no era nada suyo pero con toda el alma quería volver a verla y pasar momentos juntos. No pudo dormir y decidió a las 6 am ir a su casa y dejarle un papelito que decía, hola por favor márcame y anotó su número de teléfono me urge hablar contigo, espero todo el día y ella no llamo, en la noche que llego al edificio estaba seguro que ella ya estaría en su departamento y fue a tocar la puerta, cuando creyó que ella estaría observando empezó a hablar en la puerta diciendo que le urgía hablar con ella, la puerta permaneció cerrada y él se retiró no sin antes pegar un papelito, diciendo te invito un café para platicar háblame, ella tampoco respondió así que decidió pedir permiso y sentarse junto a la puerta con unos chocolates, cuando ella llegó lo miro sentado en la puerta, de un salto se incorporó de pie y exclamo, ¡hola, te estaba esperando! Mientras extendía la caja de chocolates, ella solo miro y asevero, no puedo recibirlos, gracias y con permiso necesito entrar, al tiempo que intentaba abrir la puerta, Fran insistió en hablar, vamos tomemos un café, y entre más se negaba más insistía a lo que ella respondió, no mal interpretes las cosas ni te confundas, el otro día la pasamos genial pero yo desconocía que eras comprometido y no me voy a exponer a que tu mujer me haga una escena, te agradezco los chocolates pero es mejor mantener distancia, si necesitas algo y puedo apoyarte con gusto pero no podemos convivir, vine a prepararme y trabajar no a meterme en problemas, así que no me busques más, en su corazón sintió un dolor inmenso como una puñalada y miedo de no verla más, por lo que le suplico, escúchame un momento por favor, si no quieres ir al café por lo menos aquí escúchame, pero por favor, escúchame articulaba con desesperación, ella pregunto ¿viniste solo? ¿te siguió alguien? ¿tu mujer sabe que estas aquí?, déjame responder por favor, vine solo, vivo solo, no me siguió nadie, la mujer que viste no es mi mujer, es una chica que conocí en una fiesta y bueno me apena pero te voy a hablar con la verdad, como hombre tengo necesidades y pues se dio la ocasión y tuvimos relaciones sexuales, ella vino a buscarme porque lo quería repetir pero yo no estoy interesado, ella lo interrumpió, bueno ya te escuche y realmente no tienes que darme explicaciones de tu vida o tus necesidades, solo no me busques pues como te dije no quiero problemas y abrió su puerta y se metió, el dolor en su ser era inmenso, había probado las mieles de la felicidad y de manera fugaz ese sueño se rompió, se sentía desesperado, estaba pasmado y no sabía qué hacer, se quedó inmóvil por unos minutos y decidió volver a tocar la puerta, se decía nunca tuve algo tan lindo, eso que experimente no lo puedo perder, necesito estar con ella, insistió en la puerta y ella no abrió, él le hablaba y decía sé que aunque no abras me escuchas, déjame demostrarte quien soy y cuanto me interesa nuestra amistad, te prometo que no tendrás problemas con nadie porque no ando con nadie y a esa chica que viste se lo deje claro, por favor déjame explicarte y cree en mí, se retiró convencido de que dedicaría su vida de ser necesario por volver a sentir lo que sintieron juntos y cada mañana antes de irse a trabajar tocaba la puerta, le decía buenos días, le dejaba una nota bajo la puerta y en la tarde la esperaba para darle las buenas tardes, aunque ella solo le contestaba buenas tardes y decía no de nuevo a la invitación a desayunar, comer o cenar, y así pasaron los días y cuando se cumplía un mes de estar haciendo lo mismo, le dejo flores y chocolates en la mañana en la puerta con una nota que decía ha pasado un mes ya, por favor vamos a comer, esperare tu llamada, y como no le hablo fue a esperarla como todos los días y al verla llegar le dijo "Vamos a comer por favor, por favor", y ella no se pudo negar, fueron a comer y ella estaba muy callada pero al fin estaban juntos, se mostraba incrédula pero él sacaba platica de todo y aunque su respuesta fuera cortante él seguía hablando, y de repente se tomó una selfi con su celular y ella le dijo no hagas eso y él dijo la publique para que todos scpan que te amo y tú comprendas que no hay nadie más en mí vida, molesta manifestó te confundes, yo no busco tener una aventura contigo, la verdad es que si vine es para dejarte claro que no seré una más en tu lista de amiguitas de fin de semana, yo busco algo más en la vida y no soy juguete de nadie, así que ya no pierdas tu tiempo yendo en la mañana y en la tarde a mi casa, mejor ocupa ese tiempo con tus amiguitas que si te siguen el juego y se levantó a lo que el de inmediato la tomó del brazo y le dijo, jamás querría eso contigo, lo que siento no lo había sentido jamás y no estoy dispuesto a renunciar al amor que siempre he buscado, por favor déjame demostrarte que soy sincero que te amo de verdad que no busco seas mi amante de fin de semana, te propongo ser amigos que me vayas conociendo y entonces puedas crearte un criterio de mí, sé que lo que viste fue una escena que me dejo muy mal parada mi imagen ante ti y que el hecho de que la mujer me estuviera esperando te hizo sentir mal pero es algo que no volverá a pasar, como yo era soltero pues convivía con chicas y ellas conmigo pero no me hice compromiso con nadie, quien fue a buscarme a la casa es porque quería continuar viéndonos pero yo le aclare las cosas, yo quiero una vida diferente déjame demostrarte y si cuando me conozcas vez que no te conviene mi amistad pues terminamos y te dejo de molestar, sin decir nada a la propuesta hizo una seña pidiendo la cuenta, durante el trayecto a casa no articulo palabra solo escuchaba, pero eso no limito a Fran que le platicaba como le fue en la semana, cuanto trabajo pendiente tenía y todo lo que pudo sobre su vida, cada instante tenía que aprovecharlo al máximo para darse a conocer, al llegar al edificio la acompaño a su casa y se despidió con un beso tierno en la mejilla ¡Hasta mañana, que descanses!, se fue a casa feliz y muy contento aunque las cosas no estaban del todo bien había una pequeña luz al final del túnel que vislumbraba que le faltaba poco camino por recorrer hasta ganarse su confianza, en la mañana como todas las mañanas toco la puerta y le dio buenos días, una voz desde dentro contesto buenos días, en la tarde la espero y la saludo, platicaron levemente y entro a su departamento los pasos eran lentos pero firmes, y así hasta el viernes que decidió llevar comida e invitarla a ver una película confusa asintió y él propuso en tu casa o en la mía, y ella dijo en la mía, no quiero sorpresitas, con una sonrisa esbozada en su rostro se acercó y le beso la frente al momento que afirmaba, ¡así será, nunca tendrás sorpresas desagradables de mí! Entraron y la pasaron maravillosamente, la película muy divertida y a la vez romántica, la cena deliciosa, la plática agradable y cuando se dieron cuenta eran casi las 12 de la noche, después de reír muchísimo como la primera vez, ella anuncio, es media noche y tienes que irte, gracias por todo y empezó a levantar todo, en silencio Fran empezó a ayudarle mientras cruzaban miradas en un momento tan cotidiano pero a su mente venia el hecho de esto es lo que quiero vivir, y se despidió con un tierno beso en la mejilla y un abrazo tierno que no quería que terminara "Dulces sueños, hasta mañana", se fue pensativo pero feliz, las cosas iban funcionando y así al día siguiente a tocar la puerta y los buenos días, esta vez ella abrió y estaba preciosa, Fran se lo dijo y la invito a llevarla a su trabajo ella aceptó y entonces conocería donde trabajaba, platicaron todo el camino y le cuestiono, ¿A qué hora paso por ti para ir a comer? Suspiro ¿A comer?, así es preciosa a comer, ve pensando que prefieres comer y donde, sin saber que decir se excusó, tengo que lavar ropa mañana, entonces compramos las cosas las llevamos a tu casa y mientras lavas yo cocino algo delicioso para ti, de manera especial y con mucho amor, entonces hecho el plan solo falta la hora, sonriente agrego a las 2, la despedida fue con respectivo beso en la mejilla y nos vemos a las 2 aquí.

Era un cúmulo de emociones las que circulaban por su torrente sanguíneo, en ocasiones sentía que era tal que se saldría de su cuerpo, se fue pensando tengo que hacer las cosas bien esta oportunidad no la voy a desperdiciar, puso en su foto de perfil la que había tomado para el *face* y deseaba que todo el mundo supiera de su amor por ella, tenía que ser cuidadoso no quería que otra imprudencia le robara esa felicidad. Trabajó muy rápido y deseando que el tiempo pasara pronto, se aseguró de revisar y entregar todos los trabajos para poder salir a la 1, por su mente pasaban tantas cosas, quería cocinar lo más delicioso, se tomó tiempo de escribirle y preguntarle sus comidas favoritas, y lo hizo también con la intención de que ella viera la foto que él tenía de perfil, cuando recabo suficientes datos culinarios faltaba media hora para la una y emprendió la tarea de concluir todo para poder salir, se aseguró que no quedaran detalles y hasta adelanto lo del lunes, salió apresurado y diez minutos antes de las 2 estaba en el lugar esperando a su amada que salió quince minutos tarde, se disculpó y Fran le declaro con esa bella sonrisa imposible no disculparte, pero salúdame, quiero mi beso, el nerviosismo domino el agradable saludo y fueron a comprar lo necesario para comer, cenar, desayunar y comer una vez, Fran tenía planeado pasar juntos todo el fin de semana aunque no sabía cómo plantearlo pero lo dio por hecho y compro todo, al llegar a casa ella explicó que tenía que lavar ropa y en ese momento no lo podría atender, muy galante se ofreció a ayudarle además de cocinar para ella, lo que más deseaba era pasar tiempo con ella, y logró que así fuera, la comida fue muy rica luego platicar, ver películas, preparar juntos la cena y hacerlo a la luz de la luna en el balcón fue maravilloso, brindaron y disfrutaron riendo y platicando, cuando de pronto en el horizonte empezó a brillar una luz muy intensa, sin darse cuenta estaba amaneciendo, no habían notado el tiempo pasar, la sorpresa fue enorme al darse cuenta que estaba amaneciendo, Fran con astucia le anuncio, voy a prepararte un desayuno delicioso, te va a encantar, y se levantó de prisa a la cocina, sin dejar tiempo a que se negara o lo mandara a su casa a dormir, no tenía sueño, ansiaba compartir más tiempo con ella, preparo el desayuno y pasaron más de tres horas sentados a la mesa, de nuevo de manera inteligente propuso, vamos a preparar una rica botana y ver una película, mientras piensa cual, poco a poco tomo el control de la relación y fue guiando a su enamorada hacia donde él necesitaba para ganarse su confianza, y así era siempre proponía cosas para estar juntos, si ella comentaba que necesitaba hacer algo o ir a algún lugar asumía que el también iría o que la llevaría, no daba espacio para dejar de verse, estaba cultivando la relación a la vez que disfrutaba al máximo, cuando habían pasado ya 3 meses de convivencia diaria y fines de semana de pláticas interminables, era el cumpleaños de ella y tenía que lucirse y entonces empezó a planear algo mega especial, para lo que propuso un juego el fin de semana anterior a la fecha, preguntas y respuestas, y ahí recabo toda la información que necesitaba, harían lo que ella siempre deseo y no había podido, le informo que el fin de semana seria completito de ellos y que pasaría por ella viernes a las 5 y que la llevaría a cenar y la regresaba lunes a las 8 de la mañana a su trabajo, su amada lo tomo a juego y el viernes paso por ella y llevaba una maleta de él y una con regalos para ella, ropa nueva para todo el fin de semana, platicaban y no sospechaba que irían a un crucero de 3 días, cuando llegaron al puerto asustada exclamo, donde vamos pero con toda inteligencia Fran le contó una historia, de una mujer que iba a cumplir años y que la secuestrarían, le pondrían una venda en los ojos y abordaría un barco, sin ver nada, solo confiando en su guía hasta llegar a la mesa donde comerían con vista al mar, para ello tenían que abordar el barco y después ponerse el pañuelo en los ojos, pidió ayuda a un maletero para llevarlas al barco sin que ella se diera cuenta, después de abordar, le puso la venda y la guio por el barco hasta el camarote, ahí entraron y en el balcón estaba puesta una mesa romántica, ahí le destapo los ojos y le dio la sorpresa de feliz cumpleaños, era un detalle maravilloso que no se esperaba, la comida deliciosa, disfrutando la vista al mar el atardecer y el anochecer con una plática interminable, todo era felicidad, el alcohol fue haciendo efecto y el amanecer los sorprendió entrelazados en la cama, desnudos después de una noche intensa de mucha pasión, cuando abrió los ojos por el destello de luz, miro como iluminaba todo su cuerpo y se veía como una diosa, un cuerpo tan perfecto y una piel que lo hacía vibrar hasta la última célula de su ser, y el deseo lo llevo a repetir la pasión que había disfrutado en la madrugada, sus besos despertaron a su amada quien no podía creer lo que estaba viviendo, estaba sorprendida y a su vez las emociones y la pasión se apoderaron de ella y se dejó llevar fue el inicio de una relación romántica y a la vez intensa, desde ahí no se separaron, planearon casarse, y con el paso de los meses lo materializaron, al pasar dos años tuvieron su primer hijo y la historia feliz continuo, cuando se hubiera imaginado Fran que después de tantos intentos, fracasos, sufrimiento, decepciones y crearse una imagen negativa de las mujeres, acudiría a terapia para sanar todo lo vivido desde la infancia y el cambio sería tan radical que después de echar a perder todas sus relaciones anteriores él fue quien construyo esta relación que lo llevaría a ser inmensamente feliz, al hacer cambios en él pudo cambiar su mundo por completo, aprender a seleccionar con quien iniciaba una relación, con que intención y que propósito tenía esa relación.

Para funcionar es necesario que los dos estén en la misma sintonía, si uno trae conflictos estos causaran problemas, por eso es recomendable que antes de pensar en emprender el viaje del amor busquemos ayuda profesional de manera individual y después de pareja para adquirir las herramientas necesarias para sostener el amor por mucho tiempo, la mayoría de las personas inician algo basado en lo que se va dando y el resultado no es el esperado pues no se fomentó las técnicas adecuadas. Una sana convivencia requiere de la aplicación de valores, normas, reglas y acuerdos de mutuo respeto y compromiso.

En ocasiones es común pedir lo que no damos y es donde inician los conflictos, las personas que son infieles no les gusta que les sean infieles, quienes mienten no les gusta que les mientan, y así continua la lista, hay personas que quieren andar con otras personas sin comprometerse, pero cuando la persona que anda con ellos anda con alguien más ya no les gusta, por eso es muy importante definir las 4 preguntas básicas. 1.- ¿Qué quiero? 2.- ¿Qué tengo? 3.- ¿Qué necesito? 4.- ¿Cómo lograr lo que necesito? Partiendo de ahí se arma un plan de acción para lograr la relación amorosa que deseamos.

Fernando, un hombre de 45 años, profesionista, de figura estilizada, rostro con rasgos finos, elegante, guapo y muy educado, se casó, su matrimonio no funciono y emprendió la idea de tener aventuras sin compromiso, relaciones fugaces, sexo casual y amantes de fines de semana o eventos, era su costumbre planear sus vacaciones con una chica pasarla bien pero regresar a su vida cotidiana sin compromiso con nadie, para él eso significaba disfrutar su soltería, pensaba que con eso era feliz y que así estaría siempre, los años pasaron y cuando estaba a punto de cumplir los 45 conoció a una mujer madura que también había sido casada, muy guapa y lo deslumbro con su belleza, iniciaron una relación al estilo de Fernando, ella se enamoró de él y le confesó lo que sentía y quería pero él dejó claro que no quería compromiso y lo que vivían era algo pasajero, mientras ella se enamoraba más de él, este continuaba su vida loca con otras mujeres hasta que después de plantearle varias veces a él que lo amaba y quería estar a su lado se dio cuenta que él nunca la iba a amar como ella deseaba y que siempre seria compartido, él le había dejado en claro su postura e incluso que ella podía hacer lo que quisiera, andar con quien quisiera y para él no era importante, eso le partió el alma y decidió darse la oportunidad de andar con alguien que si la amara y que la ayudara a salirse de esa relación dolorosa y hacer vida juntos dejando en el pasado lo que estaba viviendo, planeo que hablaría con el hombre y si él aceptaba entonces iniciarían una relación, cuando Fernando se dio cuenta de lo que sucedía, sintió en carne propia el dolor que ella había sentido por varios años, pero como estaba acostumbrado a que él era quien hacia daño no quien sufría por amor, cada hora de dolor era una eternidad para él, no podía creer lo que estaba viviendo y por más que quería justificarse a sí mismo con que las mujeres eran malas, ella le dijo que se había cansado de esperarlo, de sufrir por él mientras él andaba con mujeres y que él le dijo que anduviera con quien quisiera y que no le importaba, entonces como cubeta de agua helada se vino a su mente todas las frases que le decía y la realidad le gritaba que él la había mandado a los brazos de alguien más no solo despreciándola varias veces sino diciéndole que se fuera con otro.

Cuando nosotros no tenemos bien definido que es lo que queremos hacemos cosas que nos dan un resultado doloroso, lo idóneo es que si estas con alguien que amas y te ama te comprometas y juntos construyan la vida que quieren llevar juntos, pero si vamos acumulando las vivencias dolorosas, las perdidas, los desamores y en lugar de buscar ayuda profesional para superarlos nos bloqueamos y decidimos que iremos por la vida disfrutando sin pensar en consecuencias al final del camino el resultado no va a ser agradable.

El amor es muy importante en una relación, más sin embargo no es suficiente para sostenerla, además de eso hay que aplicar valores y buena comunicación para poder funcionar adecuadamente, el apasionamiento se disfruta muchísimo, pero es fugaz y no provoca estabilidad, el romanticismo es indispensable para crear vínculos y lazos duraderos, los detalles son esenciales pues provocan emociones, nos dan sentido de pertenencia, crea estabilidad y felicidad en la pareja.

CAPÍTULO 5

RECONOCER CUANDO EL AMOR DAÑA

AUNQUE PARECE algo muy evidente y que esté situado enfrente de nuestra nariz, en ocasiones es muy difícil darse cuenta del tipo de relación que estamos viviendo, y esto no tiene nada que ver con la inteligencia sino con la capacidad de ver más allá del amor, este es un tema bastante polémico pues muchas personas piensan que quienes viven en relaciones tormentosas lo hacen porque les gusta y la realidad es que están errados pues no disfrutan de estar así, por el contrario sufren, se estresan y se desgastan aferrados a un amor que en la mayoría de las ocasiones no solo no existe sino que esa relación que sostienen les provoca más dolor que felicidad.

Una de las razones por las cuales nos aferramos es porque creamos en nuestra mente y corazón una imagen de la persona que amamos, pusimos expectativas y razones que solo nosotros conocemos y que la otra parte desconoce y por consecuencia nunca va a cubrir esas expectativas, recordemos que cuando amo a alguien ese amor es mío no de quien amo, tampoco tiene la obligación de corresponderme por eso hay que ser cuidadosos en la selección de compañeros de vida.

"Nely una mujer que creció con carencias, desde niña tenía mucha carga de trabajo pues en su casa eran 7 hijos y todo se tenía que elaborar, no se compraba nada hecho, hasta el jabón que usaban lo elaboraban, los alimentos y además tenían que producirlos, si querían comer queso tenían que encerrar la vaca, separarle el becerro toda la noche y en la mañana ordeñarla para elaborar el queso, como costumbre familiar practicaban que conforme crecían se les enseñaba a desempeñar ciertas actividades, entre más edad más compromisos que cumplir, a determinada edad ya podían salir a trabajar para llevar ingresos a la casa, y como era muy trabajadora y muy responsable pronto encontró trabajo en la ciudad cercana y viajaba tres veces a la semana, así se empezó a dar a conocer al grado que todos los días tenía trabajos y algunos días tenía trabajo en dos casas, a veces una de limpieza y en la tarde de planchado pero ganaba más, por lo que llegaba tarde a su casa pero con dinero o pasaba a comprar lo que hiciera falta en la casa, así ella y su hermano mayor llevaban dinero a la casa, pronto su otro hermano salió a trabajar y su hermana, por lo que se cooperaban y ya podían ahorrar o comprarse gustos pues ya la carga de pagos era menor, viajaba en transporte público y empezó a coincidir con un hombre de ahí de su pueblo, viajaban juntos, incluso empezó a irla a buscar a su trabajo y la acompañaba en la mañana hasta donde iba a trabajar, la amistad se volvió más estrecha hasta que se hicieron novios, ambos trabajaban y se llevaban muy bien, él consumía alcohol pero como estaban de novio y a ella no le gustaba que se alcoholizara dejo de hacerlo al cabo de un año de novios fue a pedir permiso a los papas de Nely para ser novios, como tenía mala en el pueblo los papas no autorizaron el noviazgo y le prohibieron a su hija seguirlo viendo, le explicaron sus razones pero ella que ya estaba muy enamorada no entendió lo que sus padres le decían y aun en contra de la voluntad de sus padres se casó con él, tenían planes de rentar y seguir trabajando hasta que compraran una casa por lo que acudió a planificación familiar para cuidarse y no tener hijos tan pronto pero como a los 3 meses el no quiso que fuera de nuevo al centro de salud y como consecuencia resulto embarazada de su primera hija, trabajo unos meses pero luego tuvo que dejar de trabajar tener a la bebe y cuidarla, a los tres meses que ya estaba buscando trabajo de nuevo resulto embarazada del segundo y se repitió la historia hasta tener en total 4 hijos, cuando estaba embarazada de la última él empezó a llegar cada vez mas tarde de la noche y alcoholizado, si le reclamaba se molestaba y cada vez su molestia era mayor, hasta que una noche de sábado no llego a dormir, ella lloraba y estaba molesta por que los sábados cobraba su salario y cada vez llegaba a casa con menos dinero, cuando llego ya era mediodía del domingo y ella molesta lo esperaba, cuando llego le empezó a cuestionar y él se molestó le dijo que solo quería dormir, ella le dijo dame dinero para ir a comprar las cosas de la casa la despensa y la comida y quédate con los niños mientras yo voy a comprar, el molesto empezó a gritarle y decirle que solo sabia pedir dinero que apenas llegaba y ya le está reclamando, que esa semana no tenía dinero y que lo dejara descansar, ella molesta le reclamo y él se levantó de la cama y la golpeo hasta dejarla sentada en el piso, estaba embarazada y apunto de dar a luz, por lo que con los golpes se adelantó el parto y empezó con los dolores, él no le hacía caso hasta que ella decidió ir a pedir ayuda a los vecinos para que la llevaran al hospital donde se alivió, sus hijos quedaron en casa con el que estaba muy alcoholizado y aunque le avisaron donde se había aliviado fue hasta el día siguiente a verla, dejo a los hijos encargados con su suegra y llego al hospital pero no tenía dinero para pagar la cuenta, tardo en conseguirlo y ella recién aliviada y golpeada se tuvo que ir de nuevo con él a su casa y con una bebe en brazos, ahí empezó lo más difícil de su calvario, su esposo cada vez más alcohol consumía, era más desobligado y la violencia intrafamiliar aumentaba hasta que al cumplir el año su hija menor él le propinó otra golpiza y decidido que ya no regresaría a la casa pues tenía otra mujer cerca de su trabajo, la dejo sin dinero ni despensa ella empezó a buscar trabajo lavando ropa, iba a las casas a buscar la ropa la llevaba a su casa la lavaba mientras cuidaba a sus hijos y luego la regresaba a dejar y la planchaba, los niños empezaron a pasar cada vez más tiempo solos, los más grandes cuidaban a los más chicos y su mama trabajaba para traer el sustento como al año empezó de repente llego el esposo muy alcoholizado y exigiendo comida y que ahí se quedaría a dormir, y así cada que quería llegaba con su ropa sucia que se la lavara y le diera comida y sin llevar dinero ella se aferraba a que su hogar un día se compondría, pero solo vivía sufriendo faltas de respeto y malos tratos, su esposo andaba con mujeres y a pesar de que ganaba buen sueldo todo se lo gastaba en mujeres y alcohol y a su casa nunca llevaba dinero Nely continuaba trabajando y sufriendo de violencia mientras los hijos iban creciendo, se fue haciendo de sus cosas y ya cada hijo dormía en una cama y ella en una hamaca, poco a poco parecía que todo mejoraba en lo económico pero seguía sufriendo de violencia y malos tratos, el esposo se había convertido en alcohólico y no había día que no llegara a casa casi inconsciente y así pasaban los días hasta que uno de tantos era el mes de diciembre y ella acababa de recibir su aguinaldo y se disponía a ir con sus hijos a comprar a la ciudad ropa, despensa y la cena de navidad, cuando llego el hombre muy agresivo y le empezó a exigir el dinero ella no se lo quiso dar y la golpeo con tanta saña que la dejo tirada en el piso inconsciente con fractura de tobillo, clavícula, tabique nasal, costilla y muchos otros golpes, quedo en un charco de sangre como tal, los vecinos la querían auxiliar pero el hombre había cerrado la puerta con llave y no les permitía entrar, le fueron a avisar a su mamá, quien solicitó el apoyo de la policía y fue al rescate de su hija y sus nietos al hombre lo metieron preso y a partir de ahí la señora se hizo cargo de su hija y sus 4 nietos, cuando Nely salió del hospital quiso ir a retirar la denuncia pero toda su familia se opuso, desde ese momento había regresado a la casa familiar y ya no decidía por ella sola, así que trabajaría en casa con su madre y sus hermanos llevarían a sus hijos al colegio pero no podía seguir viviendo con ese hombre, ella lloraba por él, quería irse con él lo defendía y trataba de justificarlo diciendo que no era el sino el alcohol pero que iba a cambiar, su familia no se lo permitió y ella a pesar de que quedo con secuelas después de la última golpiza, por ejemplo cojeaba al caminar, parecía no darse cuenta del daño que esa relación le provocaba, lo bueno fue que su familia por el amor a ella y a sus hijos la respaldaron, los apoyaron y los ayudaron a salir adelante.

Esta historia nos deja con un sabor de boca un poco desagradable pues en nombre del amor esta mujer se aferró a no dar por terminado su matrimonio a pesar de todo lo que le hacía su esposo, no lograba aceptar que estaba en una relación tóxica y que su esposo le estaba causando daño a ella y a sus hijos, una de las causas por las que ella permitía todas las faltas de respeto es por la desvaloración de sí misma, la carencia de amor propio que hace creer que merecen tolerar todo lo que están viviendo, la baja autoestima que no permite dimensionar que están denigrando su dignidad con ese tipo de acciones, la inseguridad que no le permite ver las opciones de solución que hay sino al contrario les cierra el mundo creyendo que tiene que permanecer con su esposo de lo contrario no podría salir adelante, esa misma inseguridad le hace necesitar el respaldo y apoyo de esa persona tóxica que no contribuye en nada en su vida sino que al contrario perjudica y la falta de valor para aceptar que se está en una situación complicada y se necesita ayuda sin importar el qué dirán, pues lo que corresponde es poner una solución a lo que hace daño.

COMO DESHACERNOS DE LA ENSEÑANZA TÓXICA DEL AMOR.

Al consultorio llegan muchas personas que hacen esta pregunta y es que parece que lo aprendido ya no se puede olvidar, bueno no se trata de olvidar, o de borrar, seria genial tener un borrador mágico para decidir a nuestra voluntad que es lo que queremos recordar y que no, esto se trata más bien de hacer conciencia de que es lo que nos es útil y que no y así como tomamos la decisión de deshacernos de objetos que no nos sirven o que dieron el servicio que tenían que dar, algo similar hacemos con los conocimientos y aprendizajes previos, para esto es necesario acudir con una persona especializada que nos ayude como les he comentado a lo largo del libro hay cosas que por muy inteligentes, valientes e innovadores que estemos en ese momento, no podremos hacerlo sin ayuda, el cirujano sabe hacer una cirugía esa es su especialidad más sin embargo no se la puede realizar a si mismo por mucho conocimiento que tiene de ello.

Lo primero que tenemos que a ver para deshacernos de

esa enseñanza tóxica es reconocer que tenemos un aprendizaje del amor que está distorsionado y que conlleva a una toxicidad nociva y es necesario cambiarla, este primer punto parece muy fácil mas no lo es, pues significa identificar cuáles son las enseñanzas que no son útiles en nuestra vida y para ello corresponde llevar a cabo el proceso de autoevaluación a detalle, y tener un amplio autoconocimiento, en la terapia nos ayudan a realizarlos de manera correcta.

Después de identificar procedemos a realizar la conversión de esa enseñanza negativa en positiva para ello es importante los cambios, ajustes y selección de la nueva enseñanza, así como el proceso de enseñanza aprendizaje personalizado, pues los estándares dejan mucho margen de error. En el consultorio se realiza una detección de necesidades a modificar, se crea un plan personalizado basado en el aprendizaje previo, las capacidades, habilidades y competencias de cada ser humano, esto garantiza que se trabajara acorde a esa persona por lo que el logro de la meta es más seguro.

Karla una mujer de 44 años, bella, con mucho talento, cuerpo robusto, pero con curvas pronunciadas, rostro estético y muy cuidado, que pone especial atención a su imagen, sabe maquillarse, peinarse y vestirse acorde a cada ocasión, invierte dinero suficiente para verse bien, toma muy en cuenta las temporadas, compra ropa acorde a las tendencias de moda y se mantiene muy a la vanguardia, dedica mucho tiempo y dinero a cuidar su apariencia física, es muy trabajadora y se esfuerza porque no falte nada en su casa, donde también cuida mucho la decoración y la estética, su sentido de estatus es muy importante, para ella tener en abundancia y que nada falte son temas prioritarios por lo que cuida cada detalle, es muy creativa para hacer que luzca todo perfectamente limpio, en orden y agradable a la vista, creció en un hogar que estaba muy lejos de funcionar como hogar, aun guarda mucho dolor por todo los recuerdos, la convivencia familiar era terrible con mucha violencia, gritos, infidelidades y sufrimiento de su madre, que era una mujer muy trabajadora, ella no esperaba a que su infiel e irresponsable esposo llegara de sus largas farras a llevar comida al hogar, resolvía lo que se presentara para proveer al hogar, se olvidó de ser mujer, de sentir, de buscar su felicidad personal, en pareja, dejo sus sueños y metas por alto y se dedicó de lleno a sus hijos y sostener lo que en su mente llamaba su hogar, consiguió un local para vender discos, videos, de lunes a sábado, además se publicitaba con sus clientes para su negocio de fin de semana, pues los domingos afuera de su casa armaba venta de carne asada, y ahí sus hijos contribuían de acuerdo a sus edades, Karla era quien daba la bienvenida a los clientes, les asignaba lugar y levantaba el pedido, sus hermanos ayudaban a su madre con el asado, salsa, servicio y su hermana menor era quien llevaba el control de las comandas y cobraba, Karla aprendió ahí cual es el concepto de una mujer y sus funciones, que el rol es amar sin reprochar, mucho menos esperar algo a cambio o por lo menos ser valorada, tolerar todo al hombre, no importando cuanto pasara por encima de su dignidad, trabajar para mantener el hogar y hacerse cargo de los hijos, admiraba a su madre por su valentía y como sacaba adelante a su familia, soñaba con ser como ella y veía natural la forma en que su padre se comportaba, dentro de sus planes no estaba el ser feliz, amada, valorada, ella veía el propósito del matrimonio como el medio para procrear hijos, se casó su primer hermano y repitió el patrón de conducta de su padre y su cuñada se integró a trabajar con ella y su madre, de hecho ante alguna circunstancia ella consolaba a su cuñada y le aconsejaba seguir el ejemplo de su madre, esta historia se repitió con sus otros 3 hermanos más y llego el momento en que Karla, su mama, su hermana y sus 4 cuñadas trabajaban juntas, ya el espacio humilde fuera de su casa se había convertido en un restaurante y el local de venta de música había quedado a cargo de una tía y sus dos hijas por lo que Karla todas las mañanas mientras dejaba a su madre en la central de abastos realizando las compras para el restaurante, pasaba a sacar cuentas, pagar facturas y revisar en la computadora el inventario del negocio de discos, implicaba mucho esfuerzo pero alcanzaba para los sueldos y si sobrevivían todas las familias que dependían de los dos negocios, cuando Karla cumplió los 15 años conoció a un hombre que era igual que su padre y poco a poco se fue enamorando de él, veía las conductas negativas, sus borracheras, lo veía andar con mujeres, ser agresivo y desobligado pero aun así al paso del tiempo hicieron vida juntos, su hogar era igual al de su madre y sus cuñadas, hasta que un día de una golpiza la mando al hospital y ahí recibió atención médica y psicológica, le remitieron a una casa de rehabilitación de víctimas de violencia intrafamiliar y ahí su vida cambio, fue la primera vez que escucho que lo que vivía ella y las mujeres de su familia se llamaba violencia, que ellas como persona debían tener amor propio, dignidad, autoestima y otros conceptos que sonaban como miel a sus oídos.

Conforme pasaban los días aprendía más cosas nuevas y sus ganas de seguir aprendiendo aumentaban, le hacía muy bien el hecho de que la casa fuera un lugar en el que estuviera aislada de las personas tóxicas que le hacían daño, aprendió que no solo la convivencia con su esposo era así, sino que también la enseñanza de su madre, los consejos de las cuñadas y hasta el mismo ambiente. Ahí le enseñaron como neutralizar los conocimientos previos y errados del significado del amor y también como generar proceso de enseñanza aprendizaje para adquirir conocimientos nuevos, estaba fascinada con todo, deseaba que todas las mujeres de su vida fueran a ese lugar y aprendieran que no se nace para sobrevivir y crecer hijos sino para vivir plena y feliz, amada, pero sobre todo respetada.

Conforme avanzaban las terapias cambiaba su manera de pensar, de ser y lo que sentía, se generaba lo que tantas veces pensó sería imposible que es el hecho de superar el dolor, sentirse con valor y con muchos sueños e ilusiones, quería salir de ahí y platicarle a todas lo que estaba viviendo pero la psicóloga le comento que al salir no podía platicar los procesos, solo los resultados en ella y tenía el compromiso de invitar a otras mujeres a vivir el mismo proceso que ella y apoyarles con sus hijos mientras vivían su transformación, y estaba tan contenta que pensó en hacerlo con su familia y con cada mujer que ella pudiera, cuando ya era candidata a egresar su psicóloga le comento que ya se tenía que preparar para salir de la casa y le dijo que el tema seria como aplicar todo lo vivido y aprendido pero en el entorno que tanto daño le había hecho, le ayudo a detectar las necesidades a trabajar en el ambiente y a desarrollar las habilidades y competencias para llegar, enfrentar el entorno, hacer cambios y lograr que el ambiente no la arrastrara de nuevo al estado en el que llego, fue una terapia intensiva y le abrió los ojos al hecho de que quien había cambiado era ella pero al regresar a su domicilio, con su familia, vería el entorno de nuevo como lo vivió pero esta vez ya sabía que estaba correcto y que no, lo que haría muy difícil la situación, tenía que pensar bien que haría, como lo haría y quien le apoyaría, pues la mentalidad de todas las mujeres y los hombres de su familia estarían opuestas a la de ella, y entonces decidió que antes de ir a su casa necesitaba poner una demanda penal en contra de su esposo por violencia intrafamiliar y solicitar que giraran una orden de restricción a su esposo para que no se le acercara, también como la casa donde vivía con él era rentada, solicitaría que se le concediera vivir en ella 3 meses con sus hijas, y que el coste de la renta lo pagara él y fijara una pensión alimenticia, que incluyera el pago de la renta y ella buscaría un lugar donde cambiarse a vivir con ese presupuesto, toda la familia la critico, su mama le dio la oportunidad de regresar a trabajar con ella más sin embargo eran constantes los consejos que recibía para no divorciarse, el hombre la llego a buscar al restaurante y ella se negó a hablar con él y entro y la tomó del brazo a lo que ella le tomó foto con su celular y le pidió que se fuera él quiso quitarle el celular pero a como pudo se encerró en el baño ya hablo a la policía cuando su esposo entre los golpes que le daba a la puerta escucho que hablaba a la policía se retiró del lugar pero ella había capturado el momento en que la tenía sujetada del brazo y de inmediato me mando a su abogada de oficio la foto para anexarla con los datos de fecha y hora al expediente, sin decirle nada a nadie y haciendo caso omiso de los consejos de habla con él y arréglense, no seas necia porque más lo haces enojar y muchos más, solo dijo que saldría a dejar un pedido que le hizo una amiga y ordeno comida y se fue, en ese momento acudió con su abogada le regalo la comida y le firmo el documento para entregarlo a las autoridades, estaba decidida a no permitir más violencia ni malos tratos, había momentos en los que sentía que no iba a poder pero se daba ánimos al recordar que de ella dependía su futuro, que tenía que aplicar todo lo aprendido, se mostraba fuerte, sonriente, se veía feliz sin importar lo que sucediera o le dijeran, era tan diferente a la Karla que todos habían conocido, una de sus cuñadas llorando le pregunto, como puedes mostrarte tan feliz si tienes tantas broncas con tu marido y ella le contesto yo te puedo decir como aprender a serlo tú también y quienes te pueden ayudar, ella bajo la mirada y dijo nadie puede ayudarme, es la cruz que me toca vivir por mis hijos, agrego te entiendo cuñada yo sentí y pensé lo mismo, porque no sabía que las cosas podían cambiar y que había personas que les importaba ayudar a mujeres que sufren y tampoco sabía cómo pedir ayuda o a quien acudir, y empezó a relatarle lo que había vivido y conocido el tiempo que estuvo lejos de casa, le intereso a su cuñada y quedaron de platicar al día siguiente y así a diario, hasta que otra se acercó a escuchar incrédula el relato de Karla, parecía que sus palabras no tenían mayor impacto en ellas pero si llegaba a sus células intimas, y soñaban como sería una vida como la describía, y el deseo de una vida plena y feliz aumentaba. A los pocos días llego la noticia de que al esposo de Karla lo habían detenido, todos excepto las dos que escuchaban sus relatos le empezaron a decir que fuera a sacarlo porque era el padre de sus hijos, ella se negó, en la noche cuando fue adormecer a sus hijas la más pequeña le preguntó ¿por qué no vas a decirle a la policía que suelte a papi? Ella respiró y le dijo porque papi necesita ir a un lugar donde le enseñen que la violencia, los gritos, el alcohol, las infidelidades y des obligación no son correctas y como no quiere ir voluntariamente la policía lo llevo, si él decide ir a la escuela y aprender entonces lo dejaran ir, si no quiere lo volverán a llevar hasta que entienda que tiene que aprender, ¿y la niña con ojos grandotes y brillosos exclamó entonces se lo llevaron para que aprenda a ser cariñoso y adormecernos a diario? Y mama le respondió algo así. La niña dijo espero que papi aprenda mucho y muy rápido, así no se lo volverá a llevar la policía y podrá estar con nosotros.

Su corazón sintió una gran satisfacción poco a poco las mujeres de su familia escuchaban sus palabras y el cambio se daría pronto, no se trataba de ser rebelde o de que no querer luchar por el matrimonio sino del hecho de ser feliz y la forma en que Vivían entre faltas de respeto, infidelidades y violencia no se puede ser feliz, había aprendido que la frustración y el dolor no son normales, que se puede vivir plena y feliz, y así fue permeando a las demás mujeres de la familia, con paciencia y demostrándoles que por mucho esfuerzo que se tenga que hacer es mejor que vivir con la dignidad denigrada, muchos de los varones protestaron y no quisieron llevar terapia para hacer cambios en sus vidas y otros accedieron a ir a las primeras platicas y con eso inicio su concientización lo que los llevo a formar un hogar pleno y feliz, las demás parejas al ver cómo funcionaban y se veían alegres y unidos poco a poco accedieron, aunque dos, el padre y uno de los hermanos se negaron rotundamente a dejar su vida de mentiras, infidelidades, borracheras y violencia, a tal grado se aferraron que prefirieron perder su hogar que modificar su conducta, los demás miembros de la familia lo lamentaban mucho y decidieron apoyarse mutuamente para salir adelante.

En ocasiones para romper con el esquema de pareja o de amor distorsionado y ser felices es necesario tomar la decisión de aprender lo que es adecuado y lo que no, y de acuerdo a esto tomar la responsabilidad de lo que venga, si ambas partes no se responsabilizan y se esfuerzan la relación terminara y no tendrán futuro juntos, pero aun en el caso de que este último sea el panorama que embargue a la pareja esto es mucho mejor que vivir en un infierno de violencia, faltas de respeto y con la dignidad pisoteada.

APRENDER EL CONCEPTO SANO DEL AMOR.

Para aprender el concepto sano del amor es necesario hacer un alto en nuestra vida y evaluar qué es lo que estamos viviendo, si realmente nos sentimos plenos y felices o si en algún momento tenemos sensación de que algo no está bien, para esto lo mejor es buscar ayuda, acudir a personas especializadas que nos enseñen las técnicas adecuadas para identificar que estamos haciendo bien, que no y los cambios que es necesario realizar, cuando una emoción interna nos indica que hay un vacío es porque no se están cubriendo todas las necesidades y esto no tiene que ver con lo económico, el amor sano va más allá de los bienes, las riquezas y las comodidades, no es un estatus social o prestigio, es vivir autorrealizados.

El amor sano permite al individuo no tener dependencia emocional, no pone cadenas, sino que impulsa a la persona a ser mejor, no pone limitantes como anclas para que la persona no sobresalga, sino que apoya para que a quien ama triunfe, una muestra de amor es recibir y dar admiración a quien se ama, valorar sus habilidades, propiciar su sana autoestima, respetar y darle el valor que merece, incluso aunque la persona no se dé cuenta de su potencial la pareja debe estar ahí para hacerle saber que lo tiene, ser su impulso, su apoyo y quien esté a su lado para animar a que logre sus metas.

El amor es una cuestión de calidad no de cantidad, podemos pasar mucho tiempo juntos, pero no ser de calidad y por consecuencia no lo estamos haciendo bien. Decir te amo mucho no significa que lo estoy haciendo de manera adecuada, para esto hay que checar si nos amamos desde el respeto, el apoyo, si nos tenemos confianza, si en nuestra relación hay certeza, estabilidad y equilibrio para poder lograr que dos seres distintos puedan coincidir en todos los ámbitos de manera que se sientan felices y plenos.

Una de las cosas importantes en una relación es la comunicación, es necesario establecer un sistema comunicativo de alta calidad y eficiencia para lograr que aun con la cotidianidad y las circunstancias especiales se pueda vivir confiando en que la pareja no se guarda secretos, y hago hincapié en este tema pues hay que ser muy cuidadosos, cuando se empiezan a ocultar cosas, a administrar la verdad o a omitir circunstancias es necesario asumir el compromiso de ser leales con la pareja pues es uno de los valores que los sostendrá.

En toda relación es necesario aprender a establecer normas y reglas que permitan una convivencia armoniosa, donde se cubran las necesidades de ambos, donde se impulse a la pareja, se crea en la persona y en sus habilidades y se cree un ambiente de cooperación que permita a ambas partes lograr sus objetivos, tanto mutuos como individuales, una de las más grandes muestras de amor es buscar el bienestar, la autorrealización y la felicidad de ambos. Cuando hay amor verdadero se tienen metas claras, bien definidas en todos los aspectos, porque en ocasiones solo una de las partes cumple sus metas, sus objetivos o logra prepararse mientras la otra parte solo apoya al desarrollo, capacitación y éxito de su pareja, en el amor sano se busca que ambos logren el éxito, pues de lo contrario crearíamos conformismo, mediocridad y frustración en la otra persona y caeríamos en un amor no sano.

"Norma, una mujer guapa, con un rostro muy estético, cabello abundante y rizado, alta con cuerpo torneado y largas piernas, personalidad fuerte pero con toque de ternura, con talento para la música, una voz angelical, con un tono único que toda persona que la escuchaba cantar se enamoraba de su voz, poco a poco fue encontrando su talento y empezó a cantar en fiestas de familiares, amigos y a incursionar en algunos programas de radio, televisión y cultura, en su villa se empezó a notar su éxito y muchas personas se asombraban de que viniendo de un hogar muy disfuncional, sin valores, con muchos problemas familiares, alcohol, drogas, sexo desenfrenado, entre otras costumbres tóxicas ella no repitiera el patrón de las mujeres de su vida. Con mucha dificultad termino la secundaria, estaba en la lucha por concluir el bachiller, tenía que pagar renta, luz, agua, teléfono, transporte y comida, pues se tuvo que cambiar a la capital para continuar sus estudios, el lugar donde vivía era modesto y cerca de la escuela, por las tardes, sábados y domingos llegaba a hacer limpieza y ayudar a una señora que tenía una estética, ahí lograba ganar algo de dinero para ir cubriendo sus gastos, le gustaba mucho la música pero la había dejado en pausa porque tenía que estudiar y trabajar, de vez en cuando su madre le pedía apoyo con dinero y norma empezó a buscar opciones para ganar más dinero, un día que la estilista tenía que salir con su esposo sábado en la noche tenía el problema que la persona que cuidaría a su hija no había llegado y tenían todo listo para la cita, ella sintió el impulso de decirle, yo la cuido, la jefa un poco asombrada e incrédula acepto, y fue su primer día cuidando a la niña, después se convirtió en su trabajo extra de sábados por la noche, luego viernes, domingos y las fechas que tenía oportunidad pues se convirtió en la cuidadora oficial de los hijos de la jefa y de sus amigas, con eso podía apoyar a su madre y a la vez ahorrar, sin darse cuenta se miró concluyendo sus estudios de bachiller y para entonces ya contaba con muchas amigas, y era la temporada de vacaciones y tenían muchas invitaciones a salir, algo dentro de ella le decía que quería salir con sus amigas pero cuando salía en las noches y llegaba a la 1 o 2 de la mañana mareada por el alcohol al día siguiente se sentía mal, incluso en dos ocasiones había faltado al colegio, se despertaba a las 12 del día se bañaba y se iba al trabajo, decidió por un año no estudiar y convivir con sus amigas, disfrutar de la vida, poco a poco el ambiente la fue arrastrando y empezó a salir con un hombre, la relación era tóxica, sufría muchísima violencia, acoso, ejercía mucho poder en ella, un día falto al trabajo, la señora le llamo la atención, lucía demacrada, desganada, somnolienta y llego con aliento alcohólico al trabajo, su jefa la retiro y le dijo que hablaría con ella mañana, al día siguiente la aconsejó y le puso las cartas sobre la mesa respecto al trabajo, en pocos días volvió a incurrir en una conducta inadecuada por andar tomando y desvelándose llego tarde, con aliento alcohólico y perdió su trabajo, en ese momento pensó en que ya sabía bastante y con lo que le pagaron de liquidación compraría material y se pondría a hacer sus propios trabajos, conocía a varias personas que eran sus clientas les llamaría y además pondría en las redes sociales los anuncios y publicidad, hasta se sintió más libre pensando que podría hacer lo que quisiera sin horario, tenía algunos ahorros que le permitirían mandarle dinero a su mama, pero con ese cambio se veía más lejos su sueño de ir a la universidad, de todos modos esa noche se reunió con el hombre le platico en el antro lo que había pasado y lo que pensaba hacer, el hombre dijo que le parecía bien la idea y empezaron a vivir cada noche una parranda, en las tardes tenía algunas clientas pero el hombre empezó a quedarse a dormir en su departamento, que aunque pequeño lo tenía acondicionado como recamara, y la sala comedor era su área de estética, poco a poco tenía más clientas en la tarde pero se sentía más desganada para hacer los trabajos porque todos los días se dormía en la madrugada muy alcoholizada, el hombre empezó a ser cada vez más violento y a tomar el control de la economía, varias noches después de discutir con ella se llevaba casi todo el dinero que había cobrado y no regresaba en toda la noche, cada vez que ella le reclamaba su agresividad subía de tono, hasta que un día la golpeo y amenazo, le rompió varios productos y le dijo que ella no era nadie para preguntarle con quien se iba de fiesta, ese día su mundo se derrumbó, verse golpeada, con su estética hecha pedazos, sin dinero y con el corazón roto.

Le marco a las clientas y les dijo que había tenido un accidente y que las atendería en 2 días, y se encerró a llorar al día siguiente el hombre llego borracho a pedir dinero, ella le dijo que no había trabajado y él la golpeo de nuevo y termino de romper lo que quedaba de productos incluso con su cabeza rompió el espejo, la vecina llamó a la policía que intervino y se llevaron detenido al hombre mientras ella yacía en un charco de sangre a la espera de una ambulancia, tras dos semanas hospitalizada, algunas cirugías y tratamiento le dieron de alta, no tenía dinero para irse a su casa, ni celular, ni dinero para pagar la cuenta del hospital e irse, una trabajadora social le dio prestado su celular para hablarle a sus amigas, pero ninguna la quiso apoyar, hasta que le hablo a su antigua jefa, le suplico por ayuda y le pidió trabajo de nuevo, dudosa y titubeante fue por ella al hospital y la llevo a su departamento, la vecina había cerrado la puerta y tenía la llave, se le acercó y le ayudo a bajar del auto y le abrió la puerta, parecía una zona de guerra, todo destruido y ella también se sentía destruida por dentro y por fuera, la vecina le dijo que se quedara mejor en su casa hasta recuperarse pero ella se negó dijo tenía que cambiarse de ropa y empezar a poner orden en su vida, y retomar su trabajo, su jefa le dijo que se tomara la semana y se presentara el lunes a trabajar, no le quedaba otra opción aunque, no tenía nada que comer, se despidieron y la vecina se quedó con ella, le dijo te acompaño a que te bañes, le dolía todo, se sentía de muerte y le quedaban pocos medicamentos, se sentía tan confundida que parecía que estaba en otra dimensión, se bañó como pudo, se vistió y la vecina le trajo atole y galletas para la cena, agradeció el gesto y cerró la puerta, al momento que lo hacía hizo un barrido visual de su pequeño departamento destruido, casi no se podía caminar de tanto escombro de productos, se sentó en la cama se tomó el atole y guardo las galletas para el desayuno del día siguiente, tenía por primera vez la sensación de que habría un mañana, que todo el dolor había terminado y que esto era un parte aguas en su vida, que ya había tocado fondo y lo que continuaba era salir de él, esforzarse hasta emerger de ese pozo donde había caído, a la vez le dolía todo pero estaba en un estado emocional en el que estaba como anestesiada, como que el dolor ya había llegado a la cúspide y empezaba a disminuir o de plano se había acostumbrado al dolor y ya no le tomaba importancia, tomo aire en un gran suspiro que tenía un tono de resignación, se puso de pie en un solo intento y sacudió la cama cuidando que quedara muy bien tendida incluso acomodo las almohadas y sintió el deseo de que se viera bonita su cama pues era el lugar donde descansaría pero también imaginaria sus sueños, eso le dio alientos, y se fue a la cocina a dejar la taza, cada paso que daba observaba el tiradero y se imaginaba como lo iba a limpiar y acomodar de tal manera que pasara al olvido la escena de devastación que tenía ante sus ojos, asintió pensando tengo toda la semana para hacerlo y va a quedar mejor que nunca, podré trabajar en la estética de nuevo para ganar dinero y tratare de recuperar mis clientes particulares para volver a empezar a hacerles trabajos, voy a empezar de cero, ya lo he hecho alguna vez sonaba en su mente su propia voz convenciéndola de su potencial para lograr, camino unos pasos más ahí observo su alacena, estaba llena de provisiones, no eran muchas pero se las ingeniaría para pasar la semana y acudir a trabajar el lunes, hizo un inventario de todo y empezó a organizar que cocinaría cada día entre más días de la semana cubría con sus provisiones más fuerzas sentía para salir adelante, sabía que ese tiempo que pasaría en el departamento era benéfico, necesitaba darse ese espacio para encontrarse con ella misma de nuevo. Concluyo en la cocina y se dirigió a buscar bolsas escoba y recoge basura, conforme el dolor le permitía empezó a recoger primero lo que considero que servía lo limpiaba y lo ponía en un cartón, lo que veía que no era rescatable lo ponía en la bolsa de basura, cuando se dio cuenta el cartón estaba lleno de cosas que podía volver a usar y en el piso aún quedaban cosas, fue por otro cartón y veía como rayo de luz al final del túnel la posibilidad de que pudiera trabajar ese mismo fin de semana con alguna clienta, parecía que lo básico lo podría juntar, se apresuró a seguir recogiendo, cuando vio que ya solo quedaban escombros y se decidía a barrer sonó el timbre eran como las 11 de la noche y se acercó a ver quién era, la vecina estaba tocando a la puerta le abrió y con voz atenta le dijo yo tampoco puedo dormir me permites pasar a lo que ella respondió si claro, estaba limpiando, juntas se pusieron a limpiar, por lo que terminaron pronto, y la vecina dijo voy a mi apartamento por un té, el cual compartieron juntas, platicaron hasta el amanecer y entonces se despidieron, ya había pasado la noche y estaban exhaustas, así todos los días convivían, compartían y se hicieron buenas amigas, ambas se complementaban, el sábado y domingo recibió algunas clientas para manicura y pedicura, puso algunas uñas sencillas, hizo peinados, maquillaje y corte de cabello, al terminar el domingo como a las 6 de la tarde estaba exhausta pero hablo a su vecina para cenar juntas, ya tenía algo de dinero y ganas de celebrar, pidieron pizza con refrescos y celebraron los logros de esa semana, rieron como si no les doliera nada y se abrazaron dándose un beso de buenas noches y buenos deseos para la semana, cerró la puerta lavo los trastes y se fue a su cuarto, se desmaquilló mirándose al espejo con renovados ánimos, su mirada penetro en su interior y se dijo con muchas ganas tengo que salir adelante, superar esto y no volver a cometer un error así, se bañó, puso la alarma y se durmió, muy temprano despertó, preparo café, se alistó y se fue a su trabajo caminando, no quedaba muy cerca pero con tiempo llegaba puntual, llego 15 minutos antes que su jefa y la espero, mientras en su cabeza como película pasaban los recuerdos de todas las vivencias en ese lugar, se preguntaba como llegue al punto de permitir tanto, en qué momento perdí el enfoque de mi vida, como fue posible que no me diera cuenta, eso no se puede volver a repetir, estaba sumida en sus pensamientos cuando escucho buenos días llegaste temprano, como con resorte se levantó y ayudo a subir la cortina, al tomarla con sus manos recordó cada una de las etapas del protocolo de trabajo en la estética y en ese mismo instante las empezó a ejecutar, abrió cada cortina, prendió el aire acondicionado, prendió la cafetera y empezó a barrer y poner todo en orden con una rapidez que hasta a ella le asombro, parecía como que ayer era el último día que estuvo ahí, reviso la libreta de clientes y se sentó a confirmar por teléfono su cita, cuando apenas había contactado a 3 para confirmar, entro una persona y con una sonrisa se levantó mientras su jefa disfrutaba del café, volvió a ser la misma que había trabajado tantos años, se sintió tan cómoda como haber vuelto a casa, al final de la jornada dejo todo limpio y arreglado se despidió de su jefa y se fue caminando a casa rápidamente, eran las 8 de la noche y a las 9:15 tenía citada a una clienta, debía llegar pronto a casa, estaba decidida a atender clientas de las 9 a las 11 de la noche, tenía que hacerse de una cartera de clientas particular y los sábados y domingos también agendaría, solo tenía en mente trabajar, ahorrar y recuperarse de ese bache, al concluir la semana le hablo a su madre y le dijo que viniera a su estética el sábado a las 3 de la tarde por dinero, se sintió también de poder ayudar a su madre, cada día su agenda se llenaba más y con el paso de los meses estaba más que ocupada con sus clientas, los domingos empezaba desde las 8 am de la mañana y hasta las 10 de la noche, sus ahorros aumentaban y aunque tarde siempre hacia espacio para cenar con su vecina o tomar un café el domingo a las 7 am de la mañana, era con quien se sentía más segura, a tal grado que cuando tuvo un problema económico pues se había quedado sin trabajo, le ofreció se cambiara a vivir con ella en su departamento y así pagar solo la mitad de la renta y aprender a hacer cosas en la estética, le dijo que preparara refresco y los pusiera en el refrigerador y algunos dulces para que las clientas le compraran, llego el momento en que empezó a atender clientas de manicura y pedicura, y la recomendó con su jefa en la estética para que fuera a aprender, así se iban juntas a trabajar y ella le enseñaba, al cabo de 2 años, norma decidió retomar su estética y hablo con su jefa que por favor la apoyara dándole un día a la semana para poder empezar a armar su cartera de clientes en su estética, su jefa aunque con tristeza le dio alegría saber que de nuevo emprendería su negocio propio, poco a poco el recuerdo de lo vivido se había borrado de su mente pero el concepto de que el amor es dolor y hace daño estaba muy fincado en su ser, pero conforme su clientela aumentaba fue trabajando más días en su estética y menos en la de su jefa, en esa transición Clary que había sido su vecina y amiga y ahora vivía con ella, aprendió todo lo que se hace en la estética y fue tomando su lugar, hasta que llego el tiempo en que se enamoró de una persona y empezó a convivir cada vez menos con ella, la veía tan enamorada que tuvo miedo que se equivocara como le había pasado por lo que la invito a ir juntas con una psicóloga para que les enseñara como es el amor y como protegerse del dolor.

Sacaron cita y fueron, la primera platica fue para las dos, se quedaron asombradas con todo lo que aprendieron y las tareas que le dejaron, los conceptos que tenían de amor asociado al dolor estaban muy lejos de ser ciertos, para poder estar apto para amar a alguien más es necesario conocerse, amarse a sí misma, si no nos amamos como personas, no podremos dar y recibir amor sano, solo puedo dar lo que hay dentro de mí, cuando me amo, me acepto a mi tal como soy, con defectos, virtudes, aciertos y entiendo cuál es mi potencial puedo definir qué persona quiero a mi lado, el hacer sacrificios por otra persona no es parte obligada del amor. La autoestima, autovaloración y el empoderamiento son conceptos que toda persona debe desarrollar antes de pensar si quiera en tener una relación, sin estos conceptos adecuados no se puede tener estabilidad emocional y por ende la certeza de una relación adecuada. Cuando se crea una relación con lo que va resultando se van sosteniendo las partes de la relación con alfileres y en cualquier momento todo se derrumba, por eso en necesario primero tener definido que quieres, que tienes, que te falta y como lograr lo que te hace falta respecto al amor.

El amor sano se construye a través de pilares fuertes que permiten una relación de pareja plena y feliz. El gusto es muy bonito, la emoción que se siente cuando la persona que nos gusta se nos acerca, el nerviosismo que provoca liberación hormonal que hace somatizar mariposas en el estómago, la atracción que se siente por un ser en especial a diferencia de las demás personas, pero básicamente debe tener 7 conceptos básicos que permitan que la relación sea idónea, duradera y por consecuencia duradera. Lo primero son los valores, si se inicia una relación haciendo las cosas mal se aumenta el riesgo de que todo termine mal y disminuye la posibilidad de que la relación pueda tomar el rumbo correcto. En el número uno está el respeto, si nosotros no somos cuidadosos de respetar a quien amamos es muy difícil que se pueda llamar amor, pues estaríamos haciendo daño tarde o temprano a quien decimos amar o permitiendo que nos haga daño, cuando respetamos honramos la dignidad de la otra persona y la nuestra, por eso se llama relación de pareja porque debe ser recíproco, en el número 2 se encuentra la comunicación, esta es muy importante, tanto o más que el mismo amor, cuando no cumplimos con este pilar por mucho amor que haya todo se va por la borda, por eso hay que aprender a comunicarnos teniendo en cuenta como es la forma en que se comunica la otra persona, no lo hace de la misma forma un hombre que una mujer por ejemplo, la edad también tiene mucho que ver, la cultura, las costumbres, la religión, la profesión y muchos otros factores que hay que tener muy en cuenta. En el pilar numero 3 tenemos el apoyo, este debe ser mutuo, no podemos hablar de amor si la persona no te apoya, no te impulsa, porque al impulsarte te demuestra que te admira, que conoce tu potencial, y entonces el apoyo viene porque sabe que eres una persona que vale la pena, las personas que no lo hacen demuestran que no les importa los sueños, el destino y la felicidad de su pareja. Quien te ama no debe cortarte las alas o atar tus patas al suelo, debe estar consciente que eres águila que tu destino es volar alto y entonces incluso debe empujarte si es necesario para que emprendas el vuelo. En el número 4 se encuentra la confianza, quien te ama tiene que confiar en ti e inspirarte confianza, hay que poner mucho ojo este aspecto porque en ocasiones pensamos que la pareja nos ama mucho porque nos cuida, la pregunta es ¿me cuida o me vigila? Hay que hacer una diferenciación, pedirte contraseñas, ubicación, fotos de dónde y con quién estás, o pedirte pruebas de cosas o de lo que dices son algunas de las señales de alarma que nos indican que hay que tener cuidado porque algo anda mal en la relación. Si sientes desconfianza, aunque sea muy sutil haz un alto y busca ayuda, en la mayoría de los casos existieron más de una señal de alarma de que la relación no era sana y en nombre del amor se pasan por alto, es típico que en el consultorio me digan yo pensé que iba a cambiar, pero se enfocan en un cambio positivo y la tendencia al cambio es negativa, o sea, empeoran los comportamientos tóxicos. En el número 5 se encuentra la equidad, es muy importante no confundir con la igualdad, efectivamente dentro de la pareja tiene que existir igualdad en todos los aspectos, en especial en los derechos, pero la equidad va más allá de la igualdad pues permite que ambas personas puedan tener las mismas oportunidades sin importar las diferencias, de sexo, edad, físicas, educativas, económicas, etc. En el número 6 tenemos la autenticidad y el amor propio esto nos permite tener una identidad propia, ser aceptados tal cual somos, no debe existir discriminación de ninguna índole, podemos tener una relación amorosa sin tener que negar nuestros orígenes, abandonar familia o amigos, ni modificar lo que es nuestra esencia, no se permite que te modifiquen como tal, puede ser que quien sea tu pareja te ayude a mejorar algunos aspectos, te impulse a ser mejor, a prepararte más pero siempre recordar no permitir que se denigre nuestra dignidad, ni tampoco denigrar la del otro. Y por último pero no menos importante que te complemente, que la persona que tengas a tu lado te haga sentir pleno y feliz cuando comparten tiempo y espacio, muchas personas confunden esto con el hecho de me hace feliz, y realmente mi felicidad depende de mí, pero claro la persona idónea me hará sentir feliz, muchas parejas sienten que hasta comentarles a sus parejas una toma de decisiones, un ascenso, una invitación les puede traer conflictos, si por una ocasión sientes que tu pareja te complica entonces no te complementa, actúa como anclas en tu vida y eso no es amor sano. El, amor sano es cuidar el uno del otro, hasta el más mínimo detalle, cubrir necesidades apoyarse, respetarse, mostrarse admiración, respeto, lealtad, agradecimiento, muestras de cariño en cada momento esto nos ayuda a construir la vida y el amor que deseamos.

CAPÍTULO 6

DESMONTANDO MITOS Y ROMPIENDO PARADIGMAS

LO PRIMERO ES APRENDER A IDENTIFICAR que es un mito y después los pasos para desaprenderlo y aprender el mismo tema pero de manera correcta, un mito es un relato común sobre acontecimientos o cosas que forma parte de la cultura de una comunidad o grupo de personas, en estos se generaliza a tal grado que se considera cierto y aplicable a todas las personas, por ejemplo es un mito decir que las mujeres feas son más inteligentes y que las mujeres guapas son menos inteligentes y tienen que hacer uso de su belleza para poder lograr lo que se proponen. Por mucho que se afirme esto es obvio que hay mujeres feas o guapas que son muy inteligentes, de hecho, la palabra feo o guapo tiene que ver con el concepto propio y gustos personales, que yo vea a una persona fea no significa que todos la van a ver fea, lo mismo ocurre con una persona que es guapa.

Cuando aprendemos que al generalizar creamos conceptos que corren el riesgo de estar distorsionados empezamos a identificarlos. Un paradigma es un conjunto de teorías que se aceptan sin cuestionar y que es un modelo o patrón a seguir respecto al tema que trate o un ejemplo de lo que debe o no hacerse en determinada situación. Es también un conjunto de razonamientos interrelacionados que nos permiten explicar el mundo, según la filosofía.

Un error muy común que se comete es el hecho de guiarnos por mitos y paradigmas en la mayoría de nuestras decisiones y vamos tejiendo un entramado de conceptos que cuando los aplicamos en la vida nos dan un resultado lejano a lo deseado y nos preguntamos si lo hice de manera correcta porque llegué a esto. Una explicación muy acertada es el hecho de que los conceptos que aplicamos están distorsionados y por consecuencia los resultados también lo estarán, por eso es conveniente hacer una pausa en nuestras vidas y realizar una autoevaluación aplicando pensamiento crítico que permita saber cuáles son los conceptos que tenemos y si realmente son aplicables como un estándar.

"Marcos era un hombre machista, nació en una familia machista, donde incluso su propia madre tenía comportamiento y juicios machistas que iban incluso en contra de su propia dignidad de mujer, creció con mitos y paradigmas que incluían comportamientos, conductas y frases denigratorias a las mujeres, desde su juventud iniciaba relaciones con varias mujeres a la vez, les mentía, les era infiel, se aprovechaba de ellas para tener sexo y después las difamaba, su concepto de la mujer era para ser usada para satisfacer su instinto sexual y ser sirvienta, no concebía la idea de que una mujer tenía la capacidad de preparase, de salir adelante, para él las habilidades de la mujer eran de ama de casa y en la cama, siempre tenían que depender de un hombre, no tenían derecho a nada, no merecían nada, ni siquiera a dar su punto de vista o ser escuchadas, una mujer no tenía ningún valor, para el ser mujer era ser inferior pues se creía sobre valorado y que no había mujer en el mundo que valiera su amor, así fueron pasando los años y rompía cada vez más corazones, hacía daño y dejaba hijos abandonados, cuando llego a los 40 años ya no tenía el mismo éxito con las mujeres y cambio su estrategia, empezó a usar el dinero para conseguir tenerlas, y cada que una mujer caía en sus redes se reafirmaba a si mismo que las mujeres no tenían valor ni valores morales. Conforme paso el tiempo se fue quedando solo porque ya no producía el dinero que necesitaba para sostener el ritmo de vida loca que llevaba con mujeres alcohol fiestas y viajes, empezó a vender propiedades pero no fue suficiente, esto solo perjudico su situación, cuando ya solo le quedaba una casa en renta y la casa donde vivía las deudas lo obligaron a vender su casa y su coche y se trasladó a una de las recamaras de la casa que tenía para rentar, ahí estaba de encargada de dar hospedaje y asistencia a estudiantes una de las tantas mujeres que tuvo en su vida, por años se había olvidado tanto de la propiedad como de la mujer, cuando llego a la propiedad toco el timbre y vio a la mujer, por un instante no la reconoció, de hecho fue ella quien lo identifico y cuando dijo su nombre esa voz le retumbo en su cabeza, le pregunto ¿estás bien? Y le dijo no, necesito donde vivir, ella le dijo hay una recamara desocupada puedes quedarte ahí, la propiedad era sencilla pero bonita muy bien cuidada, pintada y con muchas plantas y decoración, mientras caminaban ella le dijo creí que no volvería a verte nunca, pues me canse de llamarte para firmar las escrituras de esta propiedad y me trataste tan mal, su mirada se llenó de lágrimas mientras recordaba, Marcos se estremeció por primera vez se hizo consiente de que había hecho de su vida un desastre, solo pudo decir, lo lamento tanto, no fue mi intención hacerte tanto daño, entro al cuarto y observo a su alrededor, tenía una cama, una mesa con dos sillas, un clóset de pared muy sencillo, un baño y realmente era todo lo que necesitaba en ese momento, pero estaba acostumbrado a una vida de dinero lujos, cosas, coches que al ver donde viviría ahora, se sentía confundido, como en un trance que aún no podía creer, la mujer le dijo ponte cómodo te dejo para que descanses, de inmediato vino a su mente la idea que no tenía para pagar, se lo dijo a la mujer y le dijo la renta no es nada, aunque en pago de una deuda esta propiedad me la diste tú y puedo hacer un espacio para ti en este cuarto, solo no te me acerques y mucho menos intentes hacerme daño otra vez y cerró la puerta enérgicamente, el sonido que emitió le retumbo en los oídos y lo hizo estremecer, era horrible pensar cuánto daño le había hecho a esa mujer y aun así lo recibía en su casa, su situación actual se la había ganado y lo que menos deseaba era volver a hacerle daño a la única persona que le había ayudado, acomodo sus pocas pertenencias y se dio una ducha tenía apenas restos de jabón de tocador y un *shampoo* casi vacío, no sabía qué hacer, como continuar, quería que la tierra se lo tragara pero no era posible y tampoco podía morirse era cobarde hasta para eso, sin darse cuenta se quedó dormido, cuando escucho que tocaban la puerta se levantó despacio y abrió, era la propietaria que le había llevado café con leche y pan, a la vez que se lo entregaba le dijo, quienes pagan por su pensión les incluye el hospedaje, limpieza, desayuno, comida y cena, y aparte se paga una cuota por luz agua y servicios de limpieza de lugares comunes, pero de costos hablamos luego, para ti el hospedaje no tiene costo, buenas noches. Escucho con atención sin poder articular una sola palabra se quedó petrificado escuchando pues no solo no tenía para pagar los servicios, sino que tenía techo gracias a la caridad de esa mujer a quien le había hecho sufrir tanto. Moría de hambre y devoró el pan y el café sin darse cuenta, no había comido nada en 2 días y le supo a manjar, se acostó a dormir sin esperanza alguna, no sabía que pasaría el día de mañana, no tenía fuerzas para continuar, pero muy temprano lo despertó el murmullo de muchas personas y el sonido de platos y cucharas, salió a ver que sucedía y era la hora del desayuno, la mujer muy atareada le dijo toma estas servilletas y envuelve 3 tortillas en cada una tienen que ser 3 rollos en total, pero rápido tienes que poner una junto a cada plato conforme voy sirviendo y se metió a la cocina, la siguió con la mirada y miro una mesa completamente llena de platos que ya tenían una porción de huevo, la mujer les incluía frijoles, mientras otra mujer ponía arroz y plátano frito, cuando termine de poner las tortillas me acerque a la puerta y le dije en que más te ayudo y respondió pon los vasos y señalo donde estaban, se apresuró a ponerlos y fue por más actividades, deseaba ayudar a esa mujer, nunca había tenido una sensación como esa, siempre pensaba en aprovecharse pero esta vez era diferente, cuando terminaron las personas de comer se levantaban y llevaban sus platos al área de lavado, todos en orden, mientras daban las gracias, la mujer estaba exhausta y empezó a levantar lo que había en la mesa el tímido se acercó y le dijo te ayudo, ella le dio instrucción y continuo su camino evadiendo su mirada, cuando estaba acomodando todo le dio la instrucción a su ayudante de empezar a preparar la comida vi la pila de trastes y le dije ¿te ayudo a lavarlos? Incrédula volteo y me dijo sí pero primero tomate un café, y me dio una porción de desayuno, le dije con el café está bien y me hizo muecas con la cara a la vez que decía es tu día de suerte, comió con rapidez para ponerse a ayudarla con los trastes, y cuando casi concluía vio que traía arrastrando un garrafón de agua se apresuró y lo levanto, ella le indicó donde ponerlo y se quedó todo el día ayudándole, terminaba una actividad y le preguntaba por otra, tenía una sensación increíble, se sentía útil, y veía a la mujer afanada en cubrir las necesidades alimenticias de las personas que vivían en la propiedad, la observaba y se dio cuenta que no tenía recuerdos ni su nombre sabía como tal, estaba consciente de que se había portado vilmente con ella pero no entendía porque razón ella se portaba buena gente con él, se acordó que siempre que pudo se burló y abuso de las personas que se portaban bien con él y nunca le paso por la mente que alguien a quien le había hecho daño tendría una buena acción con él, tampoco pensó en estar en una circunstancia como esa, se sentía casi un todopoderoso, superior a muchas personas en especial a las mujeres, y así se le volvió rutina despertar temprano y ayudar todo el día, cada día crecían sus ganas de acercarse a la mujer pero ella lo evadía, apenas cruzaba palabras con él para darle indicaciones, por primera vez en su vida no sabía cómo acercarse a una mujer, durante años presumió de tener dotes de conquistar a cualquiera pero algo pasaba esta vez, una noche después de terminar la jornada camino hacia su cuarto y vio a la mujer tomándose un café en la mesa, silenciosamente se acercó y pregunto ¿puedo acompañarte? Con un gesto confirmo que sí, y agrego sírvete un café, de inmediato siguió la instrucción y regreso a la mesa se sentía nervioso y emocionado, por tener un pequeño contacto con ella, guardo silencio mientras disfrutaba del café, ella rompió el silencio, soy María, una de tus novias, quien te dio dinero para comprar un terreno, para vivir juntos, según tú lo hacías para que estuviera a mi nombre y tú construirías una hermosa casa y la amueblarías para vivir juntos por siempre, me mentiste, si compraste la propiedad pero nunca empezaste a construir, eran todos mis ahorros y pronto me di cuenta que nunca viviríamos juntos, ya tenías una nueva novia y además tu maltrato era cada vez más insoportable, me tiraste las llaves del cuarto viejo que tenía este terreno enmontado y que según me mandarías las escrituras y me mandaste unas apócrifas que no tienen valor, son falsas y cuando me di cuenta años más tarde ya había construido aquí y entonces decidí quedarme aquí hasta ahorrar para comprar un terreno y construir mi casa, sabiendo que en cualquier momento vendrías a despojarme de este terreno, sabias que yo te había dado el dinero pero eras tan ruin y sinvergüenza que no tenías límites para abusar de mí que tanto te amaba, lo bueno fue que estabas tan entretenido en tu vida loca que por mucho tiempo no supe de ti, hasta que tocaste a la puerta y al abrir mi mayor temor se había hecho realidad, venias a despojarme de la propiedad y legalmente no puedo defenderme, me sentí vulnerable, me arrebatabas todo lo que tenía una vez más, sentí tanta impotencia, pero al decirme que no tenías donde ir no tuve corazón para cerrarte la puerta, había derrota y desamparo en tu mirada y yo conocía lo que era sentir eso, así que lo demás de la historia ya lo sabes, estaba tan confundido, como es posible que pensando que iba a quitarle todo me dio donde dormir, comer, compartía espacio conmigo, como tenía el corazón de soportar mi presencia y tratarme con tanta bondad, sin darse cuenta empecé a llorar como un bebe, como podía ser tan miserable con un ser tan amoroso, apenas logro articular una palabra dijo, no vine a quitarte nada, es tuyo y cuando quieras tramita tus escrituras y las firmo, es tu esfuerzo, yo solo soy un huésped más, pregunto lo que no alcanzo a comprender es porque no aprovechas la oportunidad de vengarte de todo el daño, poniéndose en pie ella lo miro y dijo, porque hace muchos años te entregue el corazón y apresuro su paso. Marcos se quedó acalambrado como puede existir un amor que ni la maldad pueda destruir por tantos años, parecía algo inconcebible.

Al día siguiente la rutina fue la misma que todos los

días, pero había algo diferente la ayudante de cocinera les paso un papelito a cada uno de los inquilinos muy discretamente y uno a él. Al día siguiente era el cumpleaños de María y se estaban organizando para celebrarla, no sabía qué hacer, nunca se detuvo a celebrar el cumpleaños de nadie y estaba sin dinero así que no podía pagar o comprar algo, se acercó a su compañera y le explico, esta le regalo papel y material para hacer flores y le enseño como, se sintió tan bonito elaborar el regalo con sus manos, y se propuso lograr que María lo perdonara sin importar el tiempo que esto le tomara, el cumpleaños fue sorpresa y le provoco emoción a la homenajeada, se asombró al recibir las flores y se notó un brillo diferente en sus ojos, era como otro mundo ver tantas muestras de amor sin ser familia, cuando de pronto entro un hombre con mariachis y un gran regalo, era el hijo de María, y fue para Marcos un shock no había pensado que ella tuviera un hijo, más sin embargo continuo la celebración y fue el primer cumpleaños que celebraba de esa manera, el mundo parecía distinto dentro de esa propiedad, todos se ayudaban se sonreían, se trataban bien, se respiraba un aire de hogar, hasta los que ya no eran huéspedes tenían detalles con María, era una mujer increíble pensó, mientras se iba a su cuarto.

Continuaban transcurriendo los días y ya era cotidiano despertar temprano ayudar y dormirse tarde, al grado de que se sentía parte de la casa pues asumía actividades como propias y las realizaba con toda responsabilidad, cuando llego navidad fue una experiencia indescriptible, en esa casa las fechas tenían sentido e importancia y toda convivencia era en armonía, y se cuestionó como había podido vivir una vida tan distinta a esta, ya se había olvidado del dolor y el fracaso en su vida, ya nada importaba pues hasta se sentía apreciado y parte de esa comunidad que aunque no eran del mismo apellido podrían llamarse familia. Una noche después de sus actividades noto que una de las chicas lloraba intensamente, se acercó a ella y empezaron a platicar ella le dijo que su novio le era infiel, que sufría mucho pero a la vez estaba confundida no sabía si confrontarlo pues temía perderlo, Marcos la tomo de la mano y le dije, no lo vas a perder, él no es ni ha sido tuyo nunca, y créeme que se vaya de tu vida es lo mejor que puede pasar pues un hombre infiel no ama a nadie, ni a la novia, ni a la amante ni a él mismo, un hombre infiel solo sabe hacer daño, busca ayuda y aprende a empoderarte para sacarlo de tu vida no te merece y tú no te mereces un hombre así a tu lado. Valórate y empezó a describir como debe comportarse un hombre con una mujer, parecía que no era el mismo que denigraba a las mujeres, la chica agradeció sus palabras y le dijo usted porque es muy bueno piensa así, mi novio es malo y me ha causado mucho sufrimiento, el bajo la mirada y dijo no soy bueno, he sido tan malo o más que tu novio y espero que tú superes el dolor y él cambie su conducta o se quedara solo y sin nada como lo estoy yo que me di cuenta tarde y ya no puedo volver en el tiempo para cambiarlo todo. Desde lejos María escuchó atónita pues parecía otra persona, no dijo nada y se retiró.

A los pocos meses volvió a llegar el hijo de María, pero esta vez se quedó una semana de vacaciones con su madre durante ese tiempo tuvo oportunidad de platicar con Marcos y una noche después de la jornada de trabajo se quedaron platicando, después de que María se fue a dormir y llego el asunto a tal intimidad que Jorge le dijo que su madre se había enamorado de su padre, pero él la había tratado tan mal y le había sido infiel tantas veces que nunca le dijo que estaba embarazada, le manifestó como había crecido odiando a su padre por destruirle la vida a su madre, incluso lo culpaba de destrozarla tanto que nunca le busco un padrastro y por su culpa pasaba noches llorando, incluso comento por años quise me dijera su nombre para buscarlo y hacerlo pagar pero ella se negó, no entiendo porque siendo tan buena mujer se enamoró de un hombre que no la merecía. Marcos no sabía que decir hasta que él le dijo alguna vez has pensado que pasara por la mente de un hombre tan miserable, será que no tienes escrúpulos o alma, no sabía que contestar pero empezó a tratar de articular, no me lo había preguntado, creo que no se dan cuenta del daño que están haciendo, sus ojos se posaron sin parpadear en él y su atención estaba fija en sus palabras, y continuo diciendo, una persona que tiene ese tipo de comportamiento es una persona ignorante que no sabe amar, que no ha recibido amor en su vida, que creció creyendo que tenía derecho a abusar de las personas para protegerse de que le hagan daño, además creo que son personas vacías, solitarias y que sufren mucho, si aunque te asombres sufren, por eso hacen sufrir, no valoran porque solo se ven a sí mismos y saben que no tienen un valor que haga que merezcan una buena mujer, un hijo maravilloso como tú, creo sinceramente que a cada persona que se le acercan le hacen daño por eso aunque parezca que les hizo mucho daño con su abandono, fue mejor porque de haberse quedado las dimensiones del daño serian indescriptibles, te invito a buscar ayuda a dejar el dolor en el pasado y ayudar a tu mama a hacerlo también, son muy buenas personas y merecen ser felices, lo que hizo tu padre ya les hizo y ha hecho mucho daño, te aseguro que ya la vida le cobro la factura con creces, no pierdan más su tiempo con ese rencor, perdonen y olviden para no permitir que les siga dañando, hagan su vida sin pensar en él, no merece ni un solo pensamiento de ustedes, tu madre es una persona excelente es puro amor, ayuda a todo el mundo y siempre tiene tiempo para satisfacer las necesidades de muchas personas, tiene un corazón sin límite y merece que su hijo que es lo que más ama sea feliz pues eso la haría feliz, demuéstrale tu amor dándole el mejor regalo que le puedes dar, superar lo de tu padre y ser feliz junto a ella.

La vida le hizo reflexionar a Marcos que no podemos vivir de mitos y paradigmas pues todo lo que hizo en su vida fue repetir el patrón familiar y al final del camino termino solo. Hizo daño a quien lo amaba y ahora tenía un hijo que lo odiaba, tal vez era el peor de los castigos, siempre soñó con un hijo varón y ahora que supo que lo tenía al mismo tiempo lo había perdido.

¿EXISTE EL PRÍNCIPE AZUL?

Las películas, los cuentos de hadas, las historias e incluso las leyendas nos han enseñado que las historias de amor son fantásticas, que hay una bruja malvada que siempre quiere hacerle daño a la princesa y tiene que venir un hombre llamado príncipe azul a rescatarla, el color hace alusión al sexo y a la fortaleza propia del varón y no ponemos en duda que existan varones que tengan muchos atributos y que ayuden a su pareja a resolver algunos problemas pero realmente las características que nos han enseñado están muy lejos de ser ciertos, todo ser humano tiene sus defectos y virtudes, hay personas que valen mucho la pena pero eso no significa que las vamos a idealizar, tampoco vamos a poner expectativas sobre sus hombros porque al final de cuentas las expectativas son nuestras y nadie las va a poder cubrir lo que va a terminar en una decepción, y vamos por la vida creando castillos en el aire, vemos personas y en lugar de ver como son realmente vamos asociando su físico, su conducta o su estatus con el mito del príncipe azul que hará que cambie la vida de la princesa y serán felices por siempre.

"Maripaz, una joven bella, con rostro hermoso, boca sexy, ojos verdes preciosos, delgada con cuerpo curvilíneo, hija única y crecida en una familia que la amaba muchísimo, la consentía, y procuraba darle las mejores comodidades a pesar de que su estatus económico no era alto, más bien vivían con privilegios ya que sus ingresos así lo permitían, se desvivían en que su hija se educara como una princesa con los mejores modales, aprendiera cada una de las conductas de una mujer decente y refinada, le inculcaron que un día conocería a un hombre que sería digno de ella y vendría a cambiar su vida, poco a poco se fue fincando en su mente la idea de que el propósito de su vida era educarse, prepararse mientras esperaba su príncipe que viniera a su vida para casarse, tener hijos y ser felices por siempre, se les olvidó enseñarle como seleccionar a ese príncipe, como debía ser su autoestima, como valorarse y hacerse valorar, entre otras conductas que incluían enseñarle la abnegación y la obediencia sumisa al hombre sin cuestionamientos pues la función de la princesa es mantener su reinado y su familia aunque esto implique pasar por encima de su dignidad, todos estos arquetipos aprendidos la fueron formando por lo que al momento de seleccionar pareja no supo cómo hacerlo y paso por alto las señales de alarma que le indicaban que no era la persona idónea, sus padres la mandaban a estudiar y deseaban que se preparara profesionalmente no tanto para trabajar porque estaban seguros que encontraría un hombre que la mantuviera pero si para estar a la altura de las esposas educadas del esposo que tendría, y así empezó a leer, aprender música, manualidades y cocina, cuando un día fue al cumpleaños de su mejor amiga y ahí conoció a uno de los vecinos, cuando lo vio le pareció un hombre refinado, agradable y con muy buenos modales, tenía un rostro como actor de películas, quedo fascinada de verlo, cuando él la miro y le sonrió ella sintió acalambrarse, era el hombre más guapo y con la sonrisa más linda que había visto en su vida, era simplemente maravilloso, cuando se dio cuenta caminaba hacia ella y el nerviosismo la invadió todo pasaba como en cámara lenta y ella sin saber que hacer ya lo tenía enfrente, la saludo con un beso y le dijo hola soy Tj mucho gusto cuál es tu nombre, ella con la voz entrecortada dijo su nombre Tj le dijo que bonito nombre y empezó la plática más hermosa de su vida, las horas pasaban y ella quería detener el tiempo, cuando llego la hora de irse, él le pidió su número de teléfono y le dio el suyo, esa sensación que recorría su cuerpo era algo que no había imaginado, se fue a su casa y parecía flotar no entendía que sucedía con ese chico pero todo parecía fantástico con él, cuando llego a casa noto que tenía un mensaje en su teléfono, era de él, le deseaba buenas noches y le decía que le daba mucho gusto haberla conocido, esa noche no durmió pensando en cada uno de los momentos que vivieron juntos, y al siguiente día muy temprano recibió un mensaje de buenos días y empezaron a escribirse cada vez más seguido, el siguiente viernes la invito a salir, ella no sabía que decir y como pedir permiso por lo que se organizó con su amiga para salir y poder verlo, así empezó a tener citas con él, cada vez que convivían crecía su fascinación por él, lo miraba y le encantaba, se fue enamorando de él sin conocerlo, en su mente lo fue asociando al príncipe azul, por lo que creo expectativas y al poco tiempo ya estaba enganchada en una relación con él, se lo presento a sus padres, ellos se creyeron la historia que ella les platicó y como lo veían refinado de traje, llegar en coche usar ropa, zapatos reloj y cartera fina pues con eso fundamentaba la teoría de ser de buena familia y merecer a su hija, nadie se detuvo a analizar ciertos comportamientos sutiles de él pues la amistad con su futuro suegro era cada vez más grande, tanto que lo invitaba a que le acompañara a algunos lugares y negocios y después a comer y consumir alcohol, eso para las mujeres parecía que era una señal de amor hacia Maripaz, pronto empezaron a convivir con familia y amistades, los padres de Tj vivían en otro país pero pronto vendrían para pedir la mano de ella y formalizar la fecha de la boda, cuando llego la fecha indicada Tj mando a su prometida y a su suegra al salón de belleza, a comprar ropa y le compro ropa zapatos y reloj al suegro eso deslumbro más a la familia, el momento de la ceremonia de pedimento fue muy emotivo y elegante, los padres de Tj eran finos, elegantes y muy cultos, hablaron poco y observaron mucho, en el aire se notaba un poco que la nuera no cubría sus expectativas, y ella pensó en refinar su comportamiento y se puso a ver videos de modales y refinamiento, cuando llego el momento de la boda todo era nerviosismo, pero Tj había cuidado gran parte de los detalles, los padres de la novia realmente cubrieron pocos gastos, entre ellos el vestido de novia, la ceremonia fue como de cuento de hadas, era estar en otra dimensión de tanta felicidad, la luna de miel fue sorpresa y se fueron a un lugar paradisiaco y muy íntimo, aplicaba el final feliz y vivieron felices por siempre, pero la verdad es que no sabía lo que le esperaba, regresaron a su hogar y ella estaba dedicada que todo estuviera impecable, cocinarle lo que le gusta y atenderlo cuando llegara, con su comportamiento sentía que merecía ser feliz con su príncipe, pero a los pocos meses ella empezó a notar que él tenía comportamientos raros, le sonaba el teléfono y colgaba, de repente se metía al baño y contestaba mensajes y ese comportamiento empezó a ser cada vez más frecuente, en una ocasión ella lo esperaba como todos los fines de semana y él llegó muy tarde y bastante alcoholizado, a tal grado que llego y se durmió con ropa a como llego y sonó su celular a las 2 am y ella abrió el mensaje y se dio cuenta que era una mujer, empezó a leer y entre más deslizaba sus ojos por los mensajes más fechas anteriores veía, él siempre había tenido una amante, antes de conocerse, durante el noviazgo y lo que más le dolió es como le explicaba que se casaría con ella para tener hijos y aparentar la familia que sus padres deseaban y le regalo un departamento a su nombre como regalo de consuelo por la boda y durante la luna de miel le pago un viaje de 15 días para que no estuviera triste, todo lo que leía le partía el corazón, de repente su mundo de felicidad se derrumbó, todo hermoso que había vivido era una mentira, nunca existió el príncipe azul y en esa relación solo ella estaba enamorada, el solo la estaba engañando para cubrir con el requisito social que le pedían sus padres para poder tomar posesión de su herencia, lloro toda la noche nos podía creer lo que estaba viviendo, por momentos su dolor era tan grande que pensaba que era una pesadilla, un mal sueño y que iba a despertar y todo volvería a ser como antes, tomo capturas de las pantallas y se las mando a su número de teléfono para tener evidencias al momento de hablar con él, se quedó a dormir en la sala y cuando él despertó salió a buscarla y la miro durmiendo en la sala, se acercó y la beso mi amor vamos al cuarto y ella se bañó en llanto, le preguntó que sucedía y ella le dio su celular, le temblaba el cuerpo y no sabía que decir claramente noto que no encontraba argumentos para darle una explicación, por lo que se sumió en el llanto mientras él observaba, y le dijo te pasaste, me rompiste el corazón, no merezco esto y no lo tolero, él quiso explicarle que era algo sin importancia pero ella insistía en que no lo iba a perdonar que no quería volver a verlo, que se fuera de la casa a lo que él se negó, le dijo eres mi esposa

pero es mi casa y no tengo porque irme, en todos los matrimonios hay amantes pero tú eres mi esposa nunca te va a
faltar nada y ella insistió no quiero verte, le hablo a su mama
y ella llego le comento lo sucedido y ella confirmo que en
todos los matrimonios los hombres tienen amantes y le dio
una lección de cómo debe actuar una buena esposa, no
podía creer lo que escuchaba, y cuestiono ¿mi papa ha
tenido amante? La respuesta la sorprendió, si muchas, pero
no pasa nada él ha cumplido como padre y esposo y nunca
nos faltó nada, su dolor se hizo más grande, fue a hablar con
su padre a la oficina y lo mismo, todo el mundo creí que ella
debía soportar lo que hacía su marido sin decir nada, y ella
no estaba dispuesta a permitirlo, le marco a su suegra y la
respuesta no solo fue parecida sino que le sugirió embarazarse para asegurarse que no la dejaría nunca, el mundo se
había convertido en un mundo de locos, se sentía traicionada por todos, sin apoyo, vulnerable y con mucho dolor,
dormía en la sala y no realizaba ninguna de sus obligaciones,
su esposo trataba de retomar la relación pero ella se negaba,
le planteo la idea de divorciarse y se puso como fiera, le grito
y la amenazo, la tomo por el brazo y a jalones la metió al
cuarto y le lanzo sobre la cama y le dijo este es tu lugar, y
ella le dijo te odio me das asco, él se lanzó sobre ella y estuvo
a punto de abofetearla, ella sintió miedo, temor por su vida y
sus emociones empeoraron, él la soltó y se disculpó, ella se
levantó y le dijo déjame pasar voy a dormir a la sala y espero
no vuelvas a ser violento conmigo, mientras se acomodaba
en la sala él se paró a observarla y darle argumentos para
explicarle y pedirle disculpas, ella ya no lo escuchaba y solo
dijo, acabaste conmigo y mi amor por ti. Tj paso sus manos
sobre el rostro y pregunto qué quieres que haga, y ella dijo
que te vayas, y él dijo mañana empaco y buscare donde
irme por una semana en lo que te calmas y vendré para que

hablemos, Maripaz dijo, tu amante estará encantada en recibirte en su nidito de amor que le diste por casarte conmigo, que ironía a la amante le regala un departamento coche y viaje todo a su nombre, pero a su esposa que es decente y lo ama no le da dinero joyas ni propiedades, solo le destroza el corazón. Definitivamente acabaste con todo, no te quiero volver a ver jamás.

Mientras transcurría la semana busco ayuda psicológica, asesoría legal, pero a su vez hizo un inventario de todo lo que podía vender para juntar dinero e irse, intentaría llegar a un acuerdo para divorciarse o no divorciarse a cambio de dinero y lo usaría para irse a otro país y empezar de nuevo, no quería estar rodeada de sus padres, quería huir y empezar de nuevo en otro lugar, Tj no acepto la idea del divorcio, y Mary empezó a ponerle precio a las cosas siempre reclamaba que a la amante le daba dinero y a ella no, él le dijo no te compares ella agregó claro que no hay comparación ella siendo amante le das más que a mí, y yo sin nada, cualquier persona razonable creería que sería al revés pero no Tj estaba cansado de tanto y quería volver, le dijo el problema es el dinero verdad y ella dijo el problema es que no me respetas, que dices que ella no tiene importancia y le das lo que a mí no, si tienes tanto dinero dame el equivalente al coche y a la casa y al viaje, me iré de viaje 15 días y tú te quedaras libremente con ella como lo hiciste conmigo en la luna de miel y a mi regreso fingiremos que no pasa nada, todo lo vamos a monetizar, me fijaras una pensión para mí, cada que salgas con ella me darás regalos de consuelo él dijo que esa idea era muy loca y ella respondió es a la altura de cómo te portas tú, si quieres, sino pues juicio de divorcio y escándalo, eras lo único que me importaba en la vida y ya lo destruiste, así que todo me da lo mismo. Tj acepto y fijaron una fecha para las transacciones, cuando las hizo le pidió un boleto de avión, ida y vuelta a Europa y él se lo compro y le dijo te llevare al aeropuerto y le dijo no, es tiempo con tu amante, mientras había juntado alhajas, cuadros, y todo lo que pudo vender, perfumes ropa, lo que era vendible y junto una cantidad, se transfirió el dinero a una cuenta y cuando estaba en Europa investigo como podía abrir una cuenta de banco secreta, como esconder su dinero y rento un departamento, cambio de chip, se cortó el cabello y cambio su imagen, se manejaba con un nombre falso y se hacía pasar por judía con un perfil bajo, no volvió a regresar a su país de origen, poco a poco fue conociendo personas y empezó a dar clases de regularización a niños y de modales, tenía una buena cantidad de dinero para sobrevivir y lo iba a aprovechar.

Después de una gran decepción aprendió que las personas perfectas no existen, que es necesario prepararnos profesionalmente pero no para ser dignos de alguien más sino para estar al nivel que deseamos para nosotros, no es sano esperar que venga alguien a resolvernos la vida porque entre más alimentamos esa idea más posibilidad hay de encontrar una persona y confundirnos creando falsas expectativas en ella. Es importante centrarse en uno mismo, y sobre todo tener muy en claro lo que se quiere, pero de manera personal, o sea desde ti, para no generar dependencia emocional, que alguien te diga no puedo vivir sin ti no significa que sea una gran muestra de amor, sino de dependencia emocional y esto puede ser muy peligroso pues la persona asume que a quien ama está obligada a permanecer a su lado haga lo que haga y la realidad es que no es así nadie está comprometido a estar con alguien, el hecho de amar no da derecho de posesión.

¿EXISTE LA MUJER PERFECTA?

Hablar de perfección es crear una expectativa demasiado ambiciosa, realmente existen personas imperfectas que tienen la capacidad de prepararse, capacitarse, desarrollarse, aprender técnicas y habilidades para perfeccionarse de tal manera que al hacer mancuerna con otra persona puedan impulsarse y complementarse el uno al otro.

Existen diversos estudios y encuestas que capturan el estereotipo que cada persona tiene de la mujer perfecta, unos se basan en el físico, otros en el interior, otros en ambos, pero realmente el concepto es personal, no hay un estándar como tal, pero podemos decir que una excelente mujer es la que cubre ampliamente las cualidades y virtudes que se espera de ella, que funciona, enriquece, impulsa, es líder, consolida su carrera, tiene claro su valor, su autoestima y está ampliamente empoderada. Existen muchos conceptos culturales y generacionales que solo incluyen labores, oficios y obligaciones propias solo de las mujeres como la crianza de los hijos, e incluso conductas que denigran por el género y dan derecho al hombre sobre la mujer por increíble que parezca aún se practican.

Elio, un hombre guapo, de muy buenos sentimientos, delgado y muy agradable, fue educado por su madre y su abuela que le enseñaron sobre los valores, las buenas costumbres y el trato respetuoso a las mujeres, siempre pensaba que su madre y su abuela eran buenas mujeres, trabajadoras, honestas responsables y que el un día encontraría la mujer perfecta, una princesa bella, agradable con valores y se formó un concepto en su cabeza que cada día alimentaba, hasta que lo arraigo tanto que se lo creyó y paso el tiempo y él buscaba en las chicas las características de su madre, de su abuela y del arquetipo que representaba el modelo de persona que deseaba tener a su lado, esto no lo encontraría pues es la compilación de varios modelos de personas y una esposa no es un rompecabezas es un ser que complementa la vida de su esposo.

Concluyo su carrera y empezó a trabajar en una empresa prestigiada, estaba feliz pues aunque su puesto aún era de perfil bajo tenía la oportunidad de ascender y hacer una carrera por lo que cada día daba lo mejor de sí, llegaba temprano, se iba tarde, cumplía sus labores y era servicial, por su forma de ser pronto los jefes notaron su presencia y trabajo, y empezó a tener contacto con el jefe, lo saludaba y empezó a identificarlo, siempre se ofrecía a apoyar cuando podía, y un día el jefe necesitaba llevar unas cosas a su casa pero no había quien lo hiciera y él se ofreció a hacerlo y conoció a la cuñada del jefe, le pareció la mujer más fascinante y perfecta del mundo, era una muñeca, se veía tan refinada tan culta estudiada, era su musa, y gracias a esa inspiración empezó a ofrecerse a ayudar al jefe y este a confiar en él, con el paso de los días se hacía de mayor amistad con la muchacha al grado que la invito al parque y ella aceptó pues le gustaba mucho correr, esa fue la coincidencia que más los unió pues correr juntos hacia más agradable el deporte, pasaban horas juntos después de correr, y ella parecía una modelo perfecta por dentro y por fuera, tanta fue la convivencia que empezó el acercamiento amoroso y se dieron un beso, él le confesó que la amaba y ella no sabía que decir pero en realidad estaba atraída por él, era muy agradable como ningún otro hombre y sin ponerse a pensar en las diferencias sociales se dejaron llevar en un tórrido romance, todo parecía en un cuento maravilloso, hasta que las familias se enteraron y nos estuvieron de acuerdo, entonces todo se complicó, casi no podían verse, su jefe se molestó y lo despidió del trabajo, como llevaba algo de tiempo le dieron liquidación y él le propuso que como ambos eran mayores de edad se casaran y se fueran a vivir juntos, tenían la preparación para trabajar y salir adelante, aun en contra de la voluntad de las familias planearon la boda, en 3 meses seria para hacer las cosas bien, ella poco a poco fue sacando ropa, las pertenencias que pudo, dinero, joyas y todo lo que pudiera vender, abrió una cuenta de banco que no sabían sus padres y ahí fue depositando el dinero, planeo cada paso que daría para llevar dinero suficiente para vivir lo mejor posible, Elio había comprado un terreno en el cual construyo un cuarto y ahí vivía, tenía su crédito hipotecario de un departamento que rentaba para pagarlo, contaba con algunos ahorros y empezó a construir la planta baja de la casa, tenía un plano que indicaba que abajo sería un local, su casa y el frente de estacionamiento para 8 vehículos, su proyecto era muy ambicioso pero trabajaba duro para lograrlo, y ahora aunque estaba sin trabajo tenía mayor inspiración para hacerlo, mientras era el ayudante del albañil y para avanzar rápido madrugaba a preparar todo y en la tarde acarreaba todo a la obra, en dos meses estaba lista para poner loza y se vio con ella, le dijo los avances y cuanto seria el dinero de la loza, ya no le alcanzaba para cubrirlo, ella le dio una parte del dinero que tenía para que la concluyera, estaban a menos de un mes de su boda y necesitaban terminar pronto, avanzaron hasta donde se pudo y llego el momento más deseado la fecha de unir sus vidas, y él le regalo un hermoso vestido, se vieron en casa de una amiga de ambos que los estaba apoyando, ahí se vistió y maquillo, la amiga en su auto los llevo al registro civil con sus maletas, la ceremonia se llevó a cabo en medio de nerviosismo pero fue muy emotiva, al momento de la firma el mundo parecía distinto, por fin eran legalmente el uno del otro y podrían disfrutar su amor, ella le dio la sorpresa que se irían de luna de miel una semana, a un pueblito con playa, bastante tranquilo, en una cabaña con vista al mar, alejados de todo para concentrarse en el momento especial, la misma cantidad de tiempo que se llevarían repellando poniendo luz, aire acondicionado y piso a la recamara de su nuevo hogar, Elio brinco de felicidad de saber que su sueño era realidad, ella mandó a comprar lo necesario para estar cómodos a su regreso, la luna de miel fue maravillosa, en el pintoresco pueblo de pescadores caminaban de la mano, besándose libremente y sin temor al qué dirán mientras compraban las provisiones necesarias para su estancia, la cabaña tenía cocina y eso facilitaba las cosas, no tenían obligaciones ni límite de tiempo les daba lo mismo amanecer que anochecer, era la vida que ambos habían soñado, la entrega era estupenda y parecían hechos el uno para el otro, sin darse cuenta les quedaba una sola noche en ese lugar y al día siguiente a las 12 tenían que irse a la ciudad, les causaba mucha incertidumbre el regreso, como sería su vida, como sortear el futuro pero aún tenían casi 24 horas y las iban a aprovechar, no querían dormir sino disfrutar su amor bajo las estrellas en ese paradisiaco lugar, ccnaron, bailaron y se besaron hasta el amanecer, pensaron que era el momento más feliz de su vida y quedó grabado en todo su ser, se dieron un último beso y emprendieron el regreso, todo era miel sobre hojuelas.

Al llegar a la ciudad fue el primer contacto con su realidad, tomar transporte público para ir a su hogar, desde la central de autobuses tomaron el metro, un autobús y bajaron a 3 cuadras, llevaban dos maletas y una bolsa de cosas que compraron en el pueblo, ella nunca había transbordado así y se sentía muy incómoda, pero caminaba y sonreía a su marido que cargaba la bolsa y jalaba las dos maletas, llegaron a la propiedad y todo estaba en construcción, por lo que le dijo espera aquí y metió la primera maleta y regreso por lo demás ya que había escombros material de construcción y obstáculos que sortear para entrar a la casa, estaba en obra negra, no parecía habitable, el rostro de ella reflejo incomodidad y su esposo la tomo en sus brazos y la cargo hasta la puerta de la construcción, la bajo y le dio un beso a la vez que decía bienvenida a nuestro hogar mi amor, la emoción invadió su ser de nuevo, estaban juntos y eso era lo más importante, se amaban y saldrían adelante, camino lentamente observando la distribución de la casa, y miro la única puerta que había, se acercó y la abrió, dentro era pequeño pues solo era una habitación pero por ser la principal era amplia y estaba recién pintada, lo primero que llamo su atención fue una cama hermosamente vestida, el aire acondicionado, un clóset pequeño sin puerta, una mesa puesta para dos, dos copas y con flores y un sobre, todo estaba acomodado de tal manera que se veía muy bonito, había una televisión y lo que necesitaban para vivir cómodos los primeros días, había una bocina y él puso música y la invito a bailar, su primera comida en su hogar tenía que ser fenomenal, y efectivamente lo fue, al día siguiente muy temprano Elio se levantó para trabajar lavando el lugar e instalando la estufa, la dejo dormir y preparo con amor el desayuno, estaba decidido a dedicar todo el día para poner lo mejor posible la casa, cuando ella despertó la mesa estaba puesta y su amor había cuidado cada detalle, para que se sintiera como reina.

Ella acomodó la ropa, los enceres y fue maravilloso desempacar juntos, tenía que adaptarse y le parecía muy difícil, pero eso la inspiraría a esforzarse y trabajar más, al día siguiente él se fue a trabajar y ella se quedó sola en casa, no sabía que cocinar, le costó mucho preparar refresco y salió a comprar, su marido comprendió que ella no sabía cocinar, además el presupuesto era escaso y no podían darse el lujo de ir a comer fuera, así transcurrió la semana y llego el momento de hacer cosas de la casa limpieza, lavado de ropa, planchado, y fueron a comprar la despensa para la semana y ella estaba confundida no sabía cómo organizarse, Elio la guiaba, le decía que comerían, cada día y compraba las porciones para enseñarle a ajustarse al presupuesto, aun así ella compró yogur y otras cosas que no estaban en el presupuesto, pago con su tarjeta de crédito y lo hizo sentir mal, no discutieron pero si hubo el primer momento tenso en la relación. Al regreso en la casa juntos realizaron las actividades, para ambos era difícil, pero lo aprenderían a sobrellevar, y así paso el tiempo, ella poco a poco empezó a trabajar en su carrera, empezó a realizar trabajos de publicidad y posteo para algunas amistades y empezó a tener ingresos, conforme tenían dinero avanzaban en la construcción, había muchos roces porque ella no atendía la casa ni cocinaba, opto por contratar una persona que le ayudara a limpiar, lavar y planchar la ropa, un día a la semana pues era lo que podía pagar con sus ingresos, eso disminuyo los problemas y conforme paso el tiempo empezó a aumentar sus ingresos y contrato otros días de apoyo, con el paso del tiempo ganaba más que él, pero su comportamiento empezó a cambiar, ya no quería embarazarse a pesar de que ya habían terminado la casa y su agenda era cada vez más ocupada, tenía muchas juntas y pasaba tiempo a tal grado que él llegaba a casa y no la encontraba, llegaba cansada y la convivencia empezó a deteriorarse, hasta que un día cansado de lo que sucedía decidió hablar con ella seriamente, no podían continuar así, en un principio ella reaccionó a la defensiva más al ver la expresión del rostro, el tono de voz y la actitud de él se dio cuenta que la situación era grave, que tenía que poner en la balanza su comportamiento y su matrimonio, se quedó reflexiva escuchando y le dijo discúlpame no he querido hacerte sentir así, vamos a platicar, organizar agendas y ser cuidadosos, él no se sentía feliz y sentía que era necesario hacer una pausa en su vida, el propósito que los unió se veía muy distante.

Elio al no saber qué hacer busco ayuda profesional, una amiga de su trabajo le recomendó a su terapeuta y empezó a ir a consulta, ahí se dio cuenta de muchas cosas, de los cambios que tenía que hacer, como desarrollarse como persona y construir la vida que deseaba, para empezar necesitaba cambiar conceptos, porque la mujer perfecta no existe, somos seres con defectos y virtudes que nos enamoramos pero podemos aprender a construir una relación sana, adecuada y feliz, cuando llevaba varias sesiones invito a su esposa a llevar su terapia individual y después de pareja. Al trabajar en terapia todo empezó a cambiar en el matrimonio, cada uno realizó los cambios que necesitaba y juntos los que no aportaban beneficio a la pareja. Por eso es muy importante antes de iniciar una relación trabajar terapia individual y construir la relación y si ya estás en una relación acudir por ayuda profesional para adquirir las herramientas necesarias para llevar la relación a buen puerto.

CAPÍTULO 7

RELACIÓN TÓXICA

EN ESTOS TIEMPOS es muy común usar la frase te encuentras en una relación tóxica, y se usa de manera tan indiscriminada que la mayoría de las veces esta distorsiona su aplicación, esto aunado al hecho de que la persona que vive en una relación disfuncional difícilmente este consiente la realidad y las dimensiones del abuso o del daño, por eso es necesario abordar su definición.

Es una relación destructiva, plagada dc faltas de respeto, abuso, control, violencia, que no genera bienestar, sino que provoca dolor, sufrimiento y dirige a la persona a tocar fondo. Entre más tiempo estés inmerso en una relación mayor normalización habrá en tu mente sobre el maltrato y los comportamientos y actitudes tóxicas. Por otro lado, en nombre del amor se suelen tolerar y perdonar infinidad de conductas, de ahí que surgiera la frase del amor es ciego y aunque los familiares y amigos adviertan que lo que se vive no es permisible, quien es víctima parece tener nublado el juicio, este mecanismo es el que hace peligrosa la relación pues se asocian al amor y se romantizan los eventos porque se relacionan con la recompensa secundaria de la reconciliación y se pasa por alto los límites que marcan hasta donde me puedo permitir vulnerarme cuidando no denigrar mi dignidad.

La baja autoestima, la desvaloración, las situaciones no resueltas, el sentimiento de culpa y soledad, los trastornos psicológicos, de la personalidad, la poca educación y falta de empoderamiento, son algunos de los factores que aumentan la posibilidad de crear dependencia emocional con la pareja y es entonces cuando el miedo a perder a esa persona provoca que se toleren demasiadas cosas, es importante recordar que permitir es fomentar. Esta dependencia o codependencia es la responsable de que las personas sientan que solo en esa relación tendrán bienestar, felicidad y seguridad. Otro factor es la idealización, crear expectativas que solo existen en la mente de quien las cree, y no le permite darse cuenta que esta con una persona con defectos pero que también le hace muchísimo daño. Es típico escuchar que las personas interpreten actitudes de control y vigilancia como confirmación de amor, me cuida y me cela porque me ama tanto y eso no es sano. Cuidar no es vigilar, ni revisar redes sociales, sino satisfacer las necesidades del otro y complementarse. En ocasiones la relación se mantiene por que al terminar la otra persona sufriría, esto no es caridad es mentir y fomentar que empeoren los mecanismos ya existentes, una relación basada en engaños nunca puede funcionar, hay que buscar ayuda, hacerse responsables de lo que se vive y hablar con la verdad. Dentro de la toxicidad se encuentra el hecho de que la pareja brinde mayor atención a otros aspectos de su vida y descuide la relación y todo lo que tiene que ver con ella, esto incluye el evitar compartir con la pareja en todos los aspectos, por ejemplo, la socialización, la economía, etc.

Dejarse guiar por la pareja no significa caminar con los

ojos tapados mientras la pareja te jala y te lleva hacia donde quiere, todos debemos tener voluntad, quien te ama, te respeta, valora, admira pero sobre todo te impulsa, quien te quiere dominar y no te deja salir adelante muestra el poco valor que tienes como persona y cada una de tus habilidades, pues piensa que no tienes la capacidad para tomar decisiones, otra modalidad es el hecho de poner todo el peso de la responsabilidad en la pareja, en una relación la responsabilidad es de ambos y debe ser equitativa, la deben construir juntos y unidos, no da buenos resultados si no jalan parejo, de ahí surge el nombre de PAREJA. Todas las relaciones tóxicas conducen a hacer daño, y sobre todo provocan la decepción el rencor de la víctima y hacen que le sea muy complicado cerrar el ciclo de la relación, superar el dolor y volver a funcionar adecuadamente fuera de la relación tóxica.

"Charly era un hombre que desde que tenía memoria se sentía solo, no encajaba con las personas, en las reuniones familiares todos tenían sus primos y tíos favoritos, pero él siempre era solitario y aislado, conforme fue creciendo se acostumbró a ser ermitaño y poco socializaba, canalizaba sus energías con su mejor amigo a realizar travesuras y realizar competencias, cuando cumplió la mayoría de edad conoció a una chica que lo buscaba mucho en la escuela y platicaban, ella parecía muy interesada en todo lo que él le platicaba y reían juntos cuando él le platicaba sus aventuras intrépidas, y le pedía que le marcara, cuando se despedía le decía, me avisas llegando a tu casa y él empezó a crear dependencia emocional con ella sin darse cuenta, por primera vez en su vida encontró una persona que se involucraba en todos los ámbitos de su vida, le hablaba a cada rato, le escribía, le preguntaba qué estaba haciendo o que haría ese día, y a él le parecía que eran muestras de amor, después de que permanecía solo la mayor parte de su vida, esta mujer estaba con el casi a cada instante, ya casi no convivía con el amigo o la familia, su mundo estaba centrado en ella, dejo de sentirse solo pues ella estaba todo el tiempo con él, empezó a llevarlo a donde ella iba y lo fue moldeando a como ella quería, lo alejo de su familia y amigos, solo se concentraban en la relación, a él se lo decían pero lo pasaba por alto, necesitaba estar con ella y no importaba lo que tuviera que hacer, empezó a vivir a través de ella de lo que le gustaba y lo que quería, prácticamente dejo de ser el por complacerla, ella tenía sus contraseñas, publicaba en sus redes sociales y contestaba a quienes le escribían y si alguien no le gustaba le decía a él pero a su vez la eliminaba, todo en nombre de construir una relación sólida, se casaron y las cosas empeoraron, el control fue cada vez mayor, ella no trabajaba y las horas de espera en casa le eran eternas, una muchacha que les ayudaba en casa y hasta con ella lo celaba, se embaraza y la situación empeoro, ya no solo era control sino el chantaje, sino hacia lo que ella decía o había serios problemas, nace la hija y contrataron una nana, los gastos aumentaron muchísimo por lo que tuvo que trabajar más horas, eso la ponía histérica, los conflictos eran mayores, el control y la vigilancia eran descomunales, el carácter y las escenas en reuniones eran constantes, en la amaba pero sentía asfixiarse con tantos problemas, sentía que hiciera lo que hiciera por complacerla nada era suficiente, ya se había peleado con todas las personas importantes en la vida de él, no tenía amigos, ni espacio propio, todo tenía que ser apro-bado por ella, y si le marcaba y no contestaba el teléfono, se ponía como fiera, hasta que la gota que derramo el vaso fue cuando se discutió con el mejor amigo y este le dijo que lo amaba como un hermano y que veía que esa mujer lo estaba alejando de todo y de todos, la mirada en su rostro era de decepción y dolor, él sintió que el mundo se venía abajo tenía razón habían compartido tanto y no era posible que por una mujer tóxica se alejaran, se fundieron en un abrazo y fue como recordar su esencia, se fue a casa pensando en las cosas y trato de hablar con ella, se puso muy agresiva y le dio una bofetada, esa fue la sentencia de la relación pues Charly reflexiono que no era eso lo que quería y empezó a armar el plan de su nueva vida, lo sentía por su hija pero ya no podía soportar esa situación, acudió a un profesional de la salud mental, empezó a vivir su proceso terapéutico y confirmo que debía poner fin a la relación tóxica que vivía, busco un cuarto con baño, era prácticamente una recamara pero era lo que necesitaba, lo aparto y empezó a planear que estrategia usaría para sacar lo necesario sin que se diera cuenta, en la consulta hizo una lista de lo que necesitaba llevarse, lo primero en la lista fueron sus documentos y así en orden de importancia coloco cada cosa, fue maravilloso como le ayudaban las terapias, era un despertar a su realidad pero sabiendo sus capacidades, se enfrentaba a un final pero iba con paso firme, se asesoró de un abogado para iniciar los trámites legales, cada terapia lo fortalecía, se armó de valor y escondido puso un sistema de cámaras en su casa, y llego el momento de hablar con ella y presentarle el documento de divorcio, sabía que se pondría difícil y que lo amenazaría, entre otras actitudes violentas, todo quedaba registrado, fue cuidadoso y no respondió a su agresividad, se había mentalizado para ese momento y hasta le pareció fácil.

Cuando salió de la casa rumbo al cuarto donde viviría a partir de ese día pasaban por su cabeza las imágenes de todo lo vivido con ella, como poco a poco sin darse cuenta él entregó su voluntad, le parecía increíble cómo pudo llegar hasta esa circunstancia, cada evento que recordaba mostraba varios indicadores de que la relación estaba plagada de toxicidad, abusos, control, chantajes entre otras conductas destructivas, al abrir el cuarto lejos de sentirse solo, vino a su ser la sensación de libertad, se liberó de todo lo que no le permitía funcionar.

La terapia era necesaria desde su niñez y su familia no se percató de eso, vino la adolescencia y empero la situación, hasta que estando vulnerable conoció a una persona que se aprovechó de su necesidad y crearon dependencia y codependencia. No es normal sentirse solo, aunque no estés con nadie a tu lado no estás solo, estás contigo, hay que aprovechar el tiempo para hacer cosas personales que estando en compañía no es posible. Los momentos a solas no son para sufrirse sino para disfrutar intimidad personal.

INDICADORES DE UNA RELACIÓN ABUSIVA

Para identificar una relación tóxica y abusiva vamos a detallar cada uno de los indicadores que nos permitirán identificar el tipo de relación que estamos viviendo. Lo primero es que en algún momento te pasa por la mente que no eres del todo feliz, siempre hay una situación que hace que generes este pensamiento, cuando esto sucede hay que poner especial atención en la relación pues cabe la posibilidad que haya actitudes tóxicas que te están perjudicando, pero como son sutiles las estás pasando por alto. Todas las relaciones tóxicas muestran indicadores de que algo anda mal, incluso personas de alrededor, familia, amigos nos comentan que algo anda mal en la pareja, si bien no debemos dejarnos llevar por el qué dirán es muy importante estar alerta a cualquier comentario que nos hacen, y desarrollar la capacidad de analizar si lo que nos comentan es cierto o solamente es una percepción herrada de quien nos dice. Es común dejarnos llevar por el apasionamiento en la relación y cerrar ojo y oídos a todo en un afán de que la relación permanezca y esta negación solo nos perjudica, pues en ocasiones con terapia la relación se puede restauran con el solo hecho de modificar conductas, pero al pasarlas por alto permitimos y fomentamos que sigan sucediendo.

"Sophie, una joven que nació en cuna de oro, hija única de padres con mucha solvencia económica, sus padres la amaban muchísimo y la consentían, era única nieta de sus abuelos pues solo tenía dos primos, además era la más pequeña, esto aunado a su gran belleza era muy querida por los miembros de su familia, sus padrinos y amigos de la familia, tenía todo lo que cualquier joven pudiera desear, comodidades, dinero, iba a un buen colegio, chofer, nana, maestros particulares para su formación en arte e idiomas, vivía como princesa, viajaba y tenía acceso a privilegios que no cualquiera, se podría decir que era feliz y nada le faltaba, que su autoestima, valoración y empoderamiento son los adecuados. Un día caminando por la playa de la casa de verano conoció a un joven guía de turistas quien por su apariencia güera y rubia pensó que era extranjera y le hablo en inglés, ella dominaba perfecto el idioma y le respondió sin que se diera cuenta del acento pues era como su lengua nativa, empezó a platicar con él, y le parecía fascinante cuánto sabía de esa ciudad, cuantos lugares conocía y con qué facilidad mencionaba recorrerlos, le ofreció llevarla a un lugar muy interesante, donde pocos turistas conocían, incluso nativos de la ciudad nunca lo habían visitado, sin costo alguno ella aceptó ir pero con su chofer y sus guardaespaldas, los tres empleados no querían ir pues les parecía peligroso pero a orden expresa accedieron, el chico les daba las indicaciones y llegaron a un lugar con mucha vegetación, donde solo era un camino y efectivamente parecía virgen y solitario, era un paisaje maravilloso, una bahía solo para ellos, la ubicó en unas piedras y con mucha destreza se subió a un cocotero, corto varios ante los ojos fascinados de la chica, al bajarse saco una navaja de su mochila y le abrió un orificio al coco y se lo dio a ella, pruébalo está delicioso, y así con los demás, era una forma de vida desconocida para ella, no se habría imaginado que esto podía ser, luego caminaron terreno arriba y encontró una mata de limones y una de mango, se subió a cortarlos y de su mochila saco dos bolsas y un hilo lleno la primera con mangos y con el hilo la amarro y la bajo, la segunda con limones y saco de nuevo su navaja y empezó a pelar mangos, estaban muy verdes pero el saco de su mochila un salero y un botecito con chile en polvo, estaba delicioso, y comerlo en medio de la nada le daba un sentido de libertad y una sensación de supervivencia maravillosa, él le contaba como realizaba esas aventuras cada vez que quería, le dijo que la esperaría el día siguiente a las 2 de la tarde en la playa donde se conocieron y la invitaría a comer en la naturaleza que pescarían en la orilla y asarían lo que pescaran, le pareció fascinante y quedo en esperarlo, cuando iban de regreso él le pidió quedarse en un crucero, y se despidió, ella lo vio alejarse caminando en esa vereda, estaba emocionada por lo vivido, iban a esa casa de verano cada año desde que tenía memoria y le parecía un lugar bonito pero nada se comparaba a la aventura de hoy pensaba en su mente, llego a casa y estaba muy feliz, sus empleados le recordaron las bolsas de limón y mango, ordeno le preparan en la cocina y se fue a su cuarto y no hacía más que recordar lo vivido, se preguntaba cómo alguien podría vivir así tan feliz con una vida tan simple y autóctona, cuando sonó la puerta era la nana con el agua de limón y la botana de mango, de un brinco se acomodó y empezó a ver su serie favorita, el agua de limón sabia diferente a todas las aguas de limón que había tomado, eran silvestres y estaban recién cortados, los mangos estaban muy ricos aunque sabían mejor en medio de la naturaleza, con ansias espero el día siguiente y preparo una mochila, esta vez ella llevaría cosas para compartir, iban a comer pescado y ella llevaría salsas, una nevera con hielo, refrescos, tortilla y una mesa de playa con sus sillas, y sombrilla, botanas y chocolate, pensaba pasar toda la tarde disfrutando la naturaleza, cuando salió ya la esperaba, tenía en sus manos un ramo de flores silvestres, las tomo y mando a la nana a ponerlas en agua en su recámara, olían delicioso, y emprendieron el viaje a la playa él traía su mochila y una bolsa de plástico grande con algo que parecía pesar, la plática era tan agradable y llegaron al lugar, el cuidadosamente la acomodo en una piedra y saco su atarraya, pescaría en las olas del mar, y corto con su navaja una liana natural y la amarro a un árbol, era feliz viéndolo lanzar la atarraya y cada pez que sacaba lo colgaba en el árbol, cuando habían 10 empezó a juntar 2 piedras grandes y buscar ramas secas, prendió la lumbre con gran facilidad, mientras se hacía brasa cortaba 5 varas y las pelaba luego uno los fue abriendo y sacando las vísceras, a la vez que los lavaba en las olas del mar, los fue poniendo como brochetas en las varas y los puso a asar, olían delicioso, de su mochila saco una envoltura que traía tortillas hechas a mano, y una salsa tatemada que se veía deliciosa a través de un frasco de cristal, ella pidió bajaran las cosas y las instalaban, él se sorprendió con todo lo que había llevado, comieron delicioso y la pasaron genial, sin darse cuenta el sol empezó a bajar en el horizonte y los empleados dijeron era hora de irse, empezaron a levantar todo, y ella le pidió una bolsa para ponerle las cosas que habían quedado, él se negó pero ella insistió, quedaron de verse al día siguiente y se repitió la historia todo el verano, cuando faltaban 3 días para irse a su país ella le comentó que tendría que irse, el corazón de ambos se llenó de tristeza, no habían pensado que pasaría si vivían a miles de kilómetros de distancia en continentes separados, estaban dispuestos a aprovechar hasta el último instante juntos, mientras tanto platicaban las diversas formas en que podrían volver a verse, se habían conocido hacia mes y medio pero ya sentían que no querían separarse, ella viajaba ahí cada año, pero un año era muchísimo tiempo, al momento de la despedida ella le regaló un teléfono celular en plan, le aseguro que estarían en contacto y el boleto de avión para que se fuera a Londres con ella.

Paso el tiempo y se mantenían en contacto, ella buscaba la forma de llevárselo y le pidió a su papa que le diera trabajo en la empresa, él no tenía estudios, pero de vigilante podría empezar, no le dijo a su padre que estaba enamorada sino que quería ayudarlo, su padre accedió a darle trabajo por 3 meses poniéndolo a prueba si algo salía mal lo deportaría, muy feliz le aviso la noticia y le compro su boleto de ida, se presentó en el aeropuerto y con su identificación logro abordar, iba rumbo a su destino, no sabía lo que le esperaba pero estaba decidido a aprovechar la oportunidad, ayudaría a su familia y saldría de la pobreza, al llegar Sophie lo esperaba, lo invito a recorrer la ciudad, sus ojos nunca habían visto nada igual, era otro mundo y quería vivir ahí, haría todo lo que estuviera a su alcance para no irse jamás de Reino Unido, platicaron mientras comían y lo llevo a una habitación de servicio que había en su hermosa residencia, ahí viviría mientras buscaba donde vivir, estaban felices ambos pues estarían juntos, aunque en la casa no podían frecuentarse mucho porque si sus padres se daban cuenta los separarían, la cotidianidad era rutinaria, ella salía con chofer y guardaespaldas y él caminaba hasta el trabajo, se veían por las tardes muy discretamente en algún parque, cobro su primera quincena y le pregunto cómo podía mandar dinero a sus padres, abrir una cuenta de banco y estudiar, ella le apoyó y pronto estaba como pez en el agua aprendiendo de todo, incluso en la casa en las tardes se ponía ayudar al mayordomo a dar mantenimiento, jardinería, lavar la alberca, deseaba que los dueños de la casa lo vieran como alguien trabajador y confiable, cuando se sentaban a desayunar él cortaba flores del jardín y se las ponía en un jarrón en la mesa, poco a poco se ganaba la confianza y ayudaba en más cosas, continuaba estudiando, ahorrando y le mandaba a su familia, la relación con Sophie cada día era mejor, tenían planes de hacer vida juntos aunque no sabían cómo reaccionarían sus padres, estaban organizando el cumpleaños de su padre y él ayudaba en todo, cuando el día antes llego un hombre muy apuesto, se veía fino y de buena familia, la sorpresa invadió a Sophie cuando sus padres le dijeron que en el cumpleaños anunciarían su compromiso con el duque, por más que quiso explicarles que no lo conocía que no estaba en sus planes comprometerse, sus padres explicaron que convenía a los intereses de ambas familias y que ya se irían conociendo que el amor se construye día a día que ambos serían muy felices pues estaban uno al nivel del otro, él prometió amarla, conquistarla y hacerla muy feliz, ella solo contesto, yo soy feliz a como estoy no quiero comprometerme contigo, se levantó de la mesa y subió las escaleras intentando irse a su cuarto, una voz fuerte la detuvo su padre le ordenaba ir al jardín a dar un paseo con su futuro prometido, tuvo que obedecer y quiso hablar con él para pedirle que no se llevara a cabo el compromiso, le dijo que no era posible suspenderlo porque afectaría a varias familias y personas, incluso relaciones entre los dos países.

Llego el cumpleaños y se anunció el compromiso, estaba destrozada y solo sentía ganas de salir corriendo, pero estaba bajo la mirada de los dos países y tenía que aparentar felicidad, en cuanto termino fue a buscar a su amigo, lo encontró llorando, no había resultado lo que ambos deseaban, viajo y se preparó tanto por ella y no quería perderla, se fundieron en un abrazo y lloraron con intensidad, cuando la puerta se abrió de golpe, era la nana que le avisaba que la buscaba su padre, se fue hacia la fuente y allí la encontró su padre llorando, le explico que de su matrimonio dependían muchos interese, incluso evitar una guerra y que muchas personas murieran, no quedaba otra opción y tenía la responsabilidad de hacerlo bien, el mundo que le parecía ideal se había roto, hasta la forma en que sentía que su familia la amaba, todo había cambiado, no les importaba su felicidad, solo su conveniencia, no sabía si eso le dolía más o el hecho de tener que casarse con un hombre que no amaba.

Cuando llego la fecha de la boda todo parecía de ensueño, seria transmitida en todo el mundo, muchas mujeres pensarían que querían una boda así y ella estaría caminando como buey al matadero. Apenas pudo soportar realizar todos los protocolos, se fueron de luna de miel y al llegar al lugar él parecía muy feliz de ser su esposo, le dijo que la amaba pero necesitaba que ella pusiera de su parte, fue una pesadilla para ella y él se dio cuenta de eso, entonces la cuestionó y ella cometió el error de decirle que estaba enamorada de alguien más pero nadie sabía, ahí empezó su verdadero calvario, dejo de ser dulce con ella y se convirtió en grosero, violento, mal humorado, hacía que cada momento a su lado le pesara, como si al saber que nunca lo amaría se hizo el propósito de tomar venganza haciéndola sufrir. La relación se convirtió en un campo de batalla con cada vez más humillaciones y violencia, le pedía ayuda a sus padres pero ellos no podían hacer nada pues estaban en las manos de su yerno, un día pudo reunirse con su amigo y hablaron de hacer planes juntos, él le propuso irse a vivir a esa playa que fue cómplice de su gran amor, tenía dinero ahorrado para poner una empresa turística con paseos, hotel, y visitas guiadas que fueran experiencias únicas, había comprado un terreno muy grande en ese lugar y se adelantaría a ir a construir ella, decidió juntar ahorros y pertenencias para irse con él, pero antes tenía que asegurarse de librarse de él, por lo que empezó a investigar a que se dedicaba, como eran sus negocios y preguntando en un lugar y en otro conoció a un agente secreto, este le oriento como podía investigar cosas que podían ser de interés al país pues serian delitos, o nexos con otras personas no gratas al país, hizo todo y no tardo en encontrar algo que fuera útil, y usado para procesarlo, lo condenaron a muchos años de cárcel por varios delitos y utilizo ese pretexto para divorciarse de él y entonces poder hacer vida con quien quisiera, mientras el proyecto de vida junto a la playa estaba terminado y a su llegada seria la inauguración.

Sus padres se oponían a la relación, pero ella alegó que ya había cumplido lo que habían pedido y era momento de ser feliz, le dieron la casa de la playa y tenía algunos bienes, propiedades y dinero que le serian útiles en su nueva vida. Al llegar al lugar del proyecto turístico sus ojos no podían creer lo que veían era un complejo ecoturístico maravilloso, tenía temazcal, cabañas un edificio con vista a la playa y parecía sacado de un cuento de hadas, había valido la pena la espera, por fin estarían juntos y viviendo como deseaban, se fundieron en un abrazo y un beso, inauguraron su negocio y todo lo hacían juntos, el tiempo separados les había enseñado que al estar juntos nada los volvería a separar, la vida de negocios y de pareja era sensacional, decidieron formalizar su amor y casarse a la orilla de la playa, tener hijos y ser felices, todo lo que vivía no tenía comparación con lo que había vivido, la vida de amor que experimentaba la hacía ver como un mal sueño el infierno que vivió con un hombre, violento, machista, frívolo y arrogante.

Aprendió con mucho dolor que el amor no es planeado ni a conveniencia de nadie que el dinero se puede lograr con esfuerzo y dedicación, que el hombre que te haga feliz no importa su situación económica o su estatus social, lo realmente valioso es cuánto te ama, respeta, valora y desea hacerte feliz.

SEÑALES DE ALARMA AL ESCOGER PAREJA.

La decisión de tener pareja es una de las más importantes en la vida por eso es necesario hacerlo de manera cuidadosa, pues cuando iniciamos una relación compartimos nuestro tiempo, espacio, intimidad, mente, corazón, estatus y economía y si no tomamos precauciones podemos salir perjudicados. Cuando una mujer quiere saber cómo es el hombre que le gusta debe fijarse en sus conductas y comportamientos, cuando una persona es violenta siempre provocara que la relación este llena de abuso y problemas, si un hombre es machista lo va a manifestar en la forma en que trata a las mujeres, como se refiere a ellas, a su madre, hermana, amiga, a la mesera, a la mujer que va manejando y se le atraviesa, que palabras o frases usa, poniendo especial énfasis en cómo se expresa de las mujeres de sus amigos, colegas, para darse cuenta de que existe violencia es necesario conocer los diferentes tipos de violencia, cuando se enoja si tira cosas, o las rompe o empieza a gritar fuerte, es una persona que no puede controlar sus emociones, y no lo hace contigo pero en algún momento lo hará, como trata a las demás mujeres así te va a tratar a ti porque los conceptos que tiene formados para tratar a la mujer te incluyen. La violencia no está justificada en ninguna de sus presentaciones, por lo que si escuchas que esté justificado para el hecho de que un hombre le falte al respeto a una mujer, prende tus antenitas y ponte atenta. No olvides que todo lo que hace ahorita es la antesala de lo que será la vida futura contigo. Ante la primera manifestación de violencia es necesario terminar la relación o por lo menos ponerla en pausa y buscar ayuda profesional, desde este momento haz tuya y aprópiate de la política cero tolerancias, cero abusos, cero intimidaciones, no tengas miedo de terminar la relación, no te escudes con el hecho de que va a cambiar porque efectivamente habrá cambios, pero a menos que estén en tratamiento psicológico todo será para empeorar, la tendencia natural es a empeorar. Puede ser que ames mucho a tu pareja, pero si por algún momento sientes miedo, inseguridad, temor a su reacción o te sientes en peligro, haz una pausa y aléjate, antes de meterte en un problema mayor, ten en cuenta que si tú le amas el amor es tuyo, lo sientes tú, está en tu ser, la otra persona no está obligada a amarte de la misma manera, si descubres que no te ama es importante con dignidad aceptar que no es posible realizar ese amor y buscar ayuda profesional para vivir las etapas del duelo y aprender a soltar.

Debemos tener en cuenta que unos nos enamoramos más pronto que otros, por lo que al iniciar la relación es importante ser conscientes de que para conocernos se necesita tiempo, un mínimo de 8 meses conviviendo a diario puede darnos un panorama del comportamiento de la persona que nos gusta, no debemos caer en el error de meter el sexo primero en lugar de la convivencia, también es un tema importante pero, lo primero es conocernos, toda persona debe definir qué quiere y que ofrece en una relación antes de iniciar, si no tiene los conceptos definidos entonces no podrá tener la decisión de que permitir y que no permitir, una relación que se va formando a como resulta aumenta el riesgo de caer en faltas de respeto. La coerción es un ejemplo claro, si no sabes lo que quieres puedes caer en acciones como dejarte llevar por las presiones de tu pareja para iniciar una relación sin estar segura, si en algún momento sientes incomodidad o que no estás listo/a haz una pausa y piénsalo muchas veces, solo debes actuar cuando tengas la plena seguridad de que es lo que quieres hacer, nada ni nadie nos debe obligar a hacer lo que no queremos. Aunque la otra parte esté listo/a no tienes porque apresurar tus decisiones, ni sentirte forzado/a o permitir que te exija iniciar la relación, que ropa usar, donde ir, con quien hablar, porque pueden ser indicadores de manipulación emocional.

La palabra pareja significa actuar equitativamente, con igualdad de oportunidad, actos y derechos, y con el paso del tiempo conociéndose aprenderás a prever como actuará tu pareja en determinadas circunstancias, si esto no sucede entonces algo anda mal, no se están conociendo lo suficiente, no están compartiendo algunas áreas de su vida y están fomentando la incertidumbre, esto es un indicador de imprevisibilidad y a la vez una señal de alarma. El humor, su consistencia y su estabilidad son las anclas que nos dan certeza o la restan. Si tiene cambios de humor repentinos, o te quiere culpar de ellos cuidado puedes estarte enganchando en una relación dañina y pasar el resto de tu vida con un ser que solo te hace daño en lugar de hacerte feliz. La violencia dentro de la intimida de una relación amorosa puede ser muy peligrosa, a tal grado que muchas personas han muerto a manos de quienes eran sus parejas, parece ilógico, pero es muy común que esas mismas manos que un día te acariciaron acaben golpeándote o arrebatando tu vida. Quien elegiste como compañero/a de vida te haga vivir momentos muy desagradables incluso después de terminar la relación.

Los celos, el control de horarios, salidas, redes sociales, no son muestras de amor, es importante saber definir las diferencias, no me cela porque me ama sino porque es inseguro/a, además cada que asocia una conducta mía con algo es porque lo hizo o lo vivió, por ejemplo, con quien estas chateando seguramente algún enamorado/a que tienes, porque sonó tu teléfono y no contestaste de seguro es un/a ex que quiere volver contigo, a nadie le gusta pagar las facturas de lo que se come otra persona, lo mismo sucede en las relaciones cada persona quiere ser vista y juzgada por sus actos no por los de los demás. Las personas que son posesivas van creando un ambiente de culpa en su pareja cuando pasan tiempo con su familia o amigos, le van coartando la posibilidad de convivir con las personas que ama y cierra su círculo a solo los dos, un indicador claro de esto es la persona que te manda mensajes o escribe a cada rato para preguntar dónde andas y con quien haciendo alusión a la posibilidad de acusarte de coquetear con alguien o ser infiel.

Lejos de mostrar lo anteriormente descrito muestra que la persona con la que compartes tu vida se siente con el derecho de tu posesión y por eso actúa de manera abusiva pues tiene la seguridad de que haga lo que haga tienes que tolerarle, y eso está muy lejos de la realidad, nadie tiene derecho de posesión sobre nadie, cuando esto sucede lo primero que la persona infunde en ti es la necesidad de recibir su aprobación para cualquier acto o decisión, por lo cual al momento de que vayas a hacer algo si sale mal te hará pensar que fue tu decisión cuando realmente te dirige a donde quiere, y poco a poco se va adueñando del control de tu vida, cuando esto sucede, tarde o temprano la persona se dará cuenta pero ya el daño estará hecho, habrá tomado tantas decisiones llevado a cabo tantas conductas que la frustración y el dolor serán muy grandes, una pareja es para contribuir, enriquecernos y hacernos felices, no para adueñarse de nuestra voluntad a la vez que crece el poder que tiene en nosotros.

CAPÍTULO 8

CODEPENDENCIA EN UNA RELACIÓN TÓXICA.

LA CODEPENDENCIA emocional es igual a la adicción a una relación, es a menudo llamada apego tóxico en el que una o ambas personas piensan que no pueden ser felices sin la otra, a tal grado que son capaces de entregar su voluntad con tal de no perderla, por eso aceptan conductas, tóxicas, abusivas, groseras, dañinas y que pasan por encima de la dignidad del otro. El mayor indicador de que estas en una relación dependiente es que es la sensación de que algo le falta a la relación que por más que veas que tiene potencial en muchos ámbitos te la pasas sintiéndote mal, hagas lo que hagas algo sale mal y al final lo que sientes es insatisfacción en lugar de felicidad, otro punto importante es que la codependencia se da cuando hay baja autoestima, desvaloración y la persona siente que no es suficiente para hacer feliz a alguien y entonces lejos de poner sus ojos en alguien que merece como toda persona empoderada, lo hace en quien puede y se siente con la obligación de aceptar lo que sea con tal de tener pareja.

"Salomé, era una mujer normal, delgada, con rostro agradable, que estando en la plena juventud se sentía fea, sin gracia, no había tenido novio y los chicos que le gustaban se habían ido con chicas hermosas, populares y de muy buen cuerpo eso la hacía sentir con más baja autoestima, ella misma se desvaloraba y en su día a día mandaba mensajes subconscientes de que no valía la pena estar junto a ella, caminaba de manera insegura y hasta encorvada, tenía problemas para socializar, se cohibía cuando alguien le sacaba platica e incluso su comportamiento era un poco desagradable pues contestaba bloqueando a la otra persona. Un día en una reunión escolar conoció a un chico con sus mismas características, tímido, inseguro, incluso tartamudeaba cuando se ponía muy nervioso, tuvo la sensación de que no era la única que le sucedía eso, con un poco de dificultad empezaron a platicar y sentían empatía el uno por el otro, ambos sentían necesidad de ser comprendidos, de sentirse acompañados sin ser criticados, y de ahí nació una amistad que fue creciendo, a diario se veían en el colegio, convivían y empezaron a verse fuera de clase, la pasaban tan bien que era bonito pensar que el domingo tendrían planes para salir con alguien, tenían gustos muy parecidos y empezaron a crear codependencia el uno en el otro, y al aparecer las conductas posesivas vinieron las abusivas, aun así era preferible estar juntos que separados, tenían la sensación de no podrían ser felices el uno sin el otro, y eso a su vez pensaron que era necesario darle seguridad a la relación y decidieron casarse, mientras duro los planes de boda estaban tan ocupados que bajaron la guardia de la codependencia, después vino la luna de miel y fueron momentos muy agradables, pero al regreso a la vida cotidiana cada uno tenía diferentes actividades que realizar y estarían tiempo separados, esto predispuso que las conductas tóxicas regresaran y empezaron a hablarse a cada rato, mandarse mensaje, discutir si no se respondían pronto, ella se embarazó y empeoro su humor, tenía cambios bruscos de estado de ánimo y aunque el embarazo lo ilusionaba a él empezaron a subir de tono las discusiones, nació la niña en medio de hostilidades, fue como hacer una pausa para atenderla y porque Salomé se sentía mal, pero conforme crecía la bebe era muy demandante de cuidado, como su mama hacia corajes le daba cólicos y esto empeoraba la situación al grado que su esposo se tuvo que cambiar de habitación, se dio la primera separación y fue catastrófico para ambos, cuando se cumplieron los 3 meses de incapacidad ella tenía que regresar a trabajar y la bebe tendría que ir a la guardería, era un dilema quien iría por ella, ninguno de los dos quería hacerse responsable y empezaron a culparse y después los chantajes, la relación estaba devastada y la niña no cumplía ni el año, ya era imposible estar juntos pero a su vez sentían que no podían ni respirar el uno sin el otro, alguien en la oficina de él le recomendó buscar ayuda psicológica, llego a casa y se lo planteo a ella y reacciono muy agresiva por lo que decidió acudir en secreto a las terapias, desde el primer contacto con su terapeuta fue como abrir los ojos a la realidad, se fue con muchas tareas que realizar pero la primera fue que él tenía que hacerse responsable de sus actos y omisiones, pero también aprender a hablar desde el mismo, dejar de culpar a su pareja, iba a hacer cambios en él para que como resultado su hogar cambiara, eso parecía imposible pero decidió ponerle muchas ganas a aplicarlo, cuando llego a casa ella estaba muy molesta y al abrir la puerta empezó a reclamar, sin darse cuenta se acordó de lo que la psicóloga le dijo y empezó a contestarle con empatía, le dijo tienes razón te voy a ayudar con la niña mientras tú haces lo que aun te falta, se dio cuenta que ya no estaba a la defensiva como en otros tiempos y que ahora estaba decidido a construir la vida que deseaba, en la mesa ella se empezó a quejar por todo y él se mostró comprensivo y le dijo que te parece si hablamos una persona que nos ayude un día a la semana con la bebe en la tarde y vamos al cine o vemos películas, no importan dónde sino tener una cita atendernos el uno al otro y pasarla genial, ella se sorprendió con lo que escuchaba y contesto quien la va a pagar y propuso el, yo la pago, quiero estar contigo entre mis brazos sin límite de tiempo, incrédula le dijo te pasa algo y le dijo aunque quiero hacerme el fuerte la verdad es que te amo y te extraño, ese día todo empezó a cambiar. Así como su mentalidad y sus conceptos cambiaron, al cambiar su reacción y su comportamiento empezó a permear a su esposa lo aprendido y trabajado en terapia a tal grado que cuando le dejaban tareas en común ella colaboraba y después inició su terapia individual y juntos la de pareja, restauraron su hogar y aprendieron a amarse, cuidarse, protegerse, pero de manera sana.

COMO SABER SI SOY YO QUIEN VUELVE TÓXICA LA RELACIÓN.

Hablamos mucho de la existencia de las relaciones tóxicas, pero es necesario definir mi responsabilidad dentro de la relación tóxica, pueden existir dos variantes, o soy quien vuelve tóxica la relación o soy quien permite o fomenta que la relación sea tóxica, en cualquiera de las dos tengo cierto grado de responsabilidad, así que para empezar a aprender a no generar una relación tóxica este es el primer aprendizaje, tengo que aprender a hablar desde mí, como es esto, bueno un ejemplo es en lugar de decir siempre haces cosas para hacerme enojar, (culpando al otro) cambiamos la frase por: A veces siento que haces las cosas con la intención de causarme enojo, (dicho desde mi percepción). En el subconsciente interpreta las dos frases de diferente manera, cuando hablo culpando al otro provoco que se ponga a la defensiva y creo resistencia, esto va a provocar que haya roces y mala comunicación, es muy importante ser cuidadosos con lo que sentimos, pensamos, decimos y actuamos, todo debe ser coherente.

Después de fijarnos en como hablamos con nuestra pareja, como le comunicamos lo que nos gusta y lo que no nos gusta, vamos a poner énfasis en que tanto poder ejercemos en el otro, en la pareja siempre hay una persona alfa y otra beta, una que ejerce más dominio e influencia en la otra, esto prácticamente es normal mientras no sobrepasen los límites sanos, es bueno seguir y ser seguido, pero respetando la dignidad del otro.

Un indicador clave es cuando sientes la necesidad de que te hagan caso en todo lo que dices, cuando te empeñas en que se haga lo que tú quieres y que la otra persona solo te siga, ahí estas ejerciendo poder y esto puede ser dañino, para que la relación sea pareja debe existir igualdad de derechos y equidad en las oportunidades y decisiones. El grado de poder que se ejerce en el otro nos dice que tan manipuladora es una persona, si siempre quiere tener el control y nunca lo sede entonces está ejerciendo poder e incluso abuso. La expresión cuando tienes pareja no hay familia ni amigos está lejos de la realidad, si bien la pareja ocupa un lugar importante en la vida, la socialización es una necesidad del ser humano, si no la cubre no puede lograr la autorrealización, enamorarse no significa que no tengas voluntad o que tu vida le pertenezca al otro, efectivamente cuando somos solteros libremente ejecutamos cualquier conducta, cuando tenemos pareja hay ciertos protocolos socialmente aceptables que debemos cubrir pero cuidando no sobrepasar límites. Toda relación debe tener bien definidas sus normas y reglas, que está permitido y que no desde que inicia la convivencia, y mucho ojo, estar alerta para detectar si quieres ejercer control sobre tu pareja o tu pareja lo hace contigo.

En una relación sana es normal tener diferentes estilos, maneras de pensar, y sobre todo diferente forma de manejar y procesar las emociones, si solo le das importancia a lo que tú sientes sin pensar en el otro, si minimizas lo que el otro comenta, si sientes que no es para tanto, entre otros comportamientos estás reprimiendo las emociones de tu pareja, esto nos dice que toda conducta la ejerces desde el ego y no usas la empatía, una de las máximas muestras de amor es cuando tu pareja desea tu felicidad, te apoya y te impulsa aun cuando no esté completamente de acuerdo con lo que vas a hacer.

Otro punto importante es la inseguridad, las personas tóxicas carecen de seguridad, y como resultado necesita estar vigilando, hablar a cada rato, saber dónde y con quien está su pareja, esto es muy sutil al principio, pero va subiendo de tono, inicia con el enfoque de estar cuidando a su pareja, continua con la necesidad de que tenga conductas y comportamientos que demuestren que no le miente, por ejemplo: ¿Dónde estás? Mándame foto, y después cuando la otra parte se da cuenta hará parecer que no es la persona tóxica sino la víctima y al final se justifica tratando de culpar al otro. Los celos son una clara manifestación de esto, por eso es muy importante al iniciar una relación hablarle con la verdad, pero sin necesidad de saturar de información a la pareja, los detalles de los momentos vividos no son necesarios, son irrelevantes, pero si se sobre citan pueden tener un efecto nocivo en la relación. Mucho ojo el estar recordando las relaciones anteriores es una señal alarmante de que se está viviendo bajo la sobra de otro/a.

La forma y los temas de discusión son importantes, el comportamiento ante una discusión, el uso de las palabras, la intención y la veracidad marcan si es un tema que valía la pena o si de plano da la sensación de que no era para una discusión tan grande, o que es un absurdo. Existen situaciones que nos molestan más que otras, y estar enojado/a por algo, pero eso no significa que las dimensiones de la discusión sean sin precedentes, cuando sientes que hay discusiones que no tienen razón de ser o no llevan coherencia ojo son comportamientos tóxicos.

Si te gusta controlar las redes sociales, si revisas cada una de sus publicaciones, el perfil de cada una de las personas que comenta o da me gusta, te molesta quienes son sus amigos e incluso le comentas a quien debe borrar o bloquear recuerda que es tu pareja no tu esclavo/a, no es de tu propiedad tiene libre albedrío, una prueba que podemos hacer es analizar cada cuánto quiero revisar sus redes, es necesario hacer un calendario e ir anotando fecha y hora, al final de la semana se hace una evaluación, si en la semana te dio ganas más de 3 veces de revisar sus redes, necesitas buscar ayuda. Para que una relación funcione en este tiempo en que la tecnología es parte de nuestra vida es necesario que ambos aprendan el uso adecuado de las mismas. El móvil, y los aparatos electrónicos son personales, nadie debe tener acceso a ellos, solo su propietario, esto no es para fomentar el hecho de ocultarse o esconderse cosas, es para aprender a respetar la privacidad individual, el espacio personal. No es obligación pasar la lista de personas que tienes en tu agenda telefónica o te siguen en redes sociales, porque aplicando la máxima del que busca encuentra y si no inventa, cualquier cosa podría interpretarse como situación no agradable y afectar la relación en el presente o el futuro. Lo mejor es crear normas y reglas de la relación que incluyan códigos de comportamiento aceptables que fomenten la confianza y que den certeza de la relación.

Una tendencia nociva para las personas es tener a tu lado quien no es capaz de hacerse responsable de sus errores, es parte de la naturaleza humana equivocarse y cometer errores, más sin embargo esto es un justificante, es invitar a las personas a tener el valor necesario de aceptar cuando se comete un error, aprender de él, tratar reparar el daño y aceptar que somos imperfectos. Quienes carecen de ese valor moral son personas poco confiables, y nadie quiere tener a su lado a una persona irresponsable y sin valores. Todos los comportamientos anteriores nos presentan a una persona inmadura, que siempre va a tender a evadir los compromisos, los acuerdos y es tan grave que incluso va a querer culpar a la otra parte y victimizarse. El amor que sentimos puede actuar como venda en los ojos e incluso el orgullo y el deseo de no perder a nuestro compañero, pero es necesario con ayuda profesional aprender a tener los pies sobre la tierra, pensar de manera objetiva y no pensar que encontraremos la persona perfecta, sino moldear juntos la relación que desean, llevar terapia de pareja y asegurar su permanencia y felicidad.

COMO SUPERAR UNA RELACIÓN TÓXICA.

Para superar cualquier problema lo primero es reconocer que existe un problema que necesita ser resuelto, cuando evadimos, ponemos pretextos o negamos lo que sucede prolongamos el problema. Es importante que si alguna vez te preguntaste si estabas en una relación tóxica hagas una pausa y analices que te llevo a hacerte esa pregunta, para esto tienes que actuar con cautela, calma y los ojos bien abiertos, es muy difícil pero no es imposible, es más fácil cerrar ojos y oídos a la realidad pero recuerda que estarás empeorando la situación y firmando la sentencia de muerte de tu relación, si había alguna posibilidad de rescatarla con terapia al evadir, permitimos y permitir es fomentar.

El tiempo para conocerse es muy importante, nunca inicies una relación a la ligera o con prisas, cuando caminas rápido o corres por terreno desconocido de noche y a ciegas corres mucho riesgo de tropezarte que, si lo haces por un camino conocido, con paso firme y los ojos abiertos. La razón por la cual es importante ir lento en la relación es para conocer la verdadera naturaleza del ser al que deseas entregarle tu vida, tu intimidad, tu tiempo, tu espacio. La conducta nos permite determinar el tipo de personalidad que tiene, por ejemplo, muchos comportamientos de una persona manipuladora podrían interpretarse erradamente como muestras de amor. Me cela porque me ama, no me quiere perder, soy muy valiosa para él, y realmente los celos son inseguridad, manipulación, falta de respeto, además denigra la dignidad.

La dependencia en sus diferentes tipos es lo primero que se debe trabajar, el amor no provoca dependencia, si causa dolor o sufrimiento no es amor, cuando se ha vivido una relación destructiva es muy importante identificar cada uno de los temas que han hecho daño, trabajarlos en terapia, sanarlos, reconstruir el ser, y reconocer que es necesaria una restauración para poder retomar el valor que tenías antes de lo vivido. Eres como una obra de arte que era muy bella, muy valiosa, pero sufrió muchos daños y necesita una restauración, mentalízate en este enfoque y empieza darte cuenta que tienes que empezar a dejar ir y para eso es importante poner fin a todo, a desligarte de la relación, tu prioridad eres tú, el mundo gira alrededor de ti, céntrate en tu persona, si tu pareja se preocupa por ti o no, ya no lo tomaras en cuenta, las cosas que te llamaban la atención de tu pareja es porque tú las hiciste importantes, quítale esa importancia, de quien te enamoraste, alguna vez fue un desconocido, que para ti no significaba nada, que ni si quiera sabias que existía, poco a poco ve restándole valor, arrebátale el poder de ocupar un lugar en tus pensamientos, aplícalo como cuenta regresiva entre menos vale, más terreno propio ganas, y recuperas tu voluntad, tu libre albedrío.

Un punto importante es aceptar que el comportamiento de la otra parte es errado, y aunque con palabras asegure que son muestras de amor, hay que darse cuenta de que no es así, sino al contrario, ese comportamiento está dañando la relación y a ti por lo que es necesario salirse de esa maraña tan tóxica, enfócate en la realidad y deja de pensar que es tu alma gemela, céntrate en ti, tal vez la persona no tenga la intención de hacerte daño, pero lo está haciendo y tienes que protegerte. Este es el momento en el que muchas personas optan por hacerse de la vista gorda, con la idea que al pasar por alto los comportamientos destructivos y darle más valor a los positivos la relación valdrá la pena, pero realmente es lo contrario, te condenas a exposición prolongada a lo negativo y por consecuencia las secuelas son mayores y disminuyes la posibilidad de reconstruirte al término de la relación.

El enamoramiento suele impedirnos ver fallas en el ser amado, pero es un error grave, el ver los defectos de quien amamos nos puede ayudar a detectar a tiempo los cambios que podrían mejorar la relación, en muchas ocasiones con terapia se ha logrado generar una convivencia sana. Idealizar a una persona no hará que se materialice esa idea sino al contrario solo provocará que tengas expectativas de la persona y al ver que no se cumplen sentirás frustración, decepción y dolor. Por mucho amor que sientas es necesario ver la realidad es la única manera de poner las cosas en la perspectiva correcta. La encomienda es sacar del pedestal donde pusiste a tu amor, nada de recuerdos de momentos bonitos, esa energía enfócala en trabajar en ti, cuando hayas superado todo entonces podrás recordar, pero en este momento lo que importas eres tú. Si te pones a recordar lo bueno estarás alimentando ideas y pensamientos que solo te atrasarían en tu proceso. Es necesario crear un plan que permita protegerse de los pensamientos que no ayudan al proceso y fomentar los que propician autoconfianza, esto se logra armando estrategias basadas en ti mismo/a, no en tu pareja, la felicidad es una decisión individual y no depende de nadie más, es un compromiso que se retoma cada día.

Marcar distancia con la persona, amigos, familiares, eventos y los recuerdos en común es muy importante, de lo contrario te anclarías a la relación, al sufrimiento y al dolor, lo que necesitas es realizar actividades que te ayuden a avanzar que te impulsen a seguir adelante, un error muy común es continuar con esos lazos justificando que la familia o los amigos en común son muy valiosos te han tratado bien y te gustaría continuar con la relación, esto puede ser muy cierto pero en este momento no estás preparado para que esto suceda, es cierto que a lo largo de la relación se asumen compromisos y se deben cumplir, hay que hacer una pausa, no fomentamos el incumplimiento pero ahorita lo primordial recuperarte, resolver tu presente con miras en tu futuro, cuando ya estés bien entonces podrás decidir si quieres continuar con las amistades o no. Por ejemplo, si tienen hijos y acostumbraban en el verano ir todos los hermanos de tu pareja y sus hijos una semana de vacaciones, este verano no es conveniente que vayas, pueden ir tus hijos y tu pareja, pero tú no, si el verano siguiente después de tu proceso te sientes preparado ya será diferente. Necesitas hacer cambios en tu vida para poder sacar a quien ya no quieres o no es conveniente tener, y el contacto fomenta la ilusión de crear anclas, cuando la relación se termina porque es tóxica y hace mucho daño no se aplica el contacto cero por un tiempo para que te extrañen y te busquen, se enfoca en soltar para tener una nueva oportunidad de rehacer tu vida.

Para poder reconstruir es necesario que los daños estén definidos, no sería lógico empezar a reconstruir tu casa cuando el terremoto no ha terminado y puede seguir causando daños, te esperas a que el terremoto termine, haces recuento de daños y entonces empiezas a buscar opciones de reconstrucción, lo mismo pasa en las relaciones, la distancia protege de los intentos de la otra parte de seducirte y volver a crear la relación, en el área psicoemocional es necesario romper con el círculo vicioso que se forma después de un evento, porque de lo contrario estaríamos en un evento de dolor, luego reconquista, luego dolor de nuevo, reconquista y nunca se terminaría la secuencia.

Romper tus rutinas te permitirá enviar el mensaje de que ya no estás enganchada en ese círculo, que estás rompiendo con él y que ahora te darás tiempo para ti, empezar es muy difícil, es un megareto, pero puedes lograrlo si te lo propones, siempre ten presente que los limites los marcas tú, y si en algún momento sientes que no puedes buscar ayuda profesional, hay situaciones que las debemos enfrentar acompañados y además aprendiendo las técnicas que nos permitirán hacerlo de la mejor manera. La aplicación de psicología nos permite que lo que parece una maraña sin solución vaya tomando orden de manera automatizada y a su vez poner orden, no acumular, poner cada cosa en su lugar, definir que depende de mí y que no, y como vivir.

Por último enfócate en que estas en restauración, te estás remodelando para quitar los deterioros y retomar tu valor, eres una obra de arte muy valiosa que estuvo mucho tiempo en el lugar equivocado y ahora que por fin estás consciente de ello es necesario tomar las medidas para evitar caer en las trampas psicológicas que pueden engañarte y arrastrarte o atraerte a lo mismo, cabe mencionar que se presentan de manera sutil pero no hay que perder de vista que lo hecho nos ha llevado al punto en el que estamos por eso no se puede repetir.

El agotamiento emocional es algo que se debe aprender a reconocer, muchas personas no reconocen que son infelices, que les falta algo y que no se sienten plenos, esto en parte es porque no queremos ver lo que sucede pues al aceptarlo estaríamos frente a la necesidad de un cambio radical, y la sola idea de salir de nuestra área de confort nos aterra, se requiere de mucha valentía para introducirse en el proceso de cambio, cuesta, duele y se requiere de mucho esfuerzo que solo si tienes un compromiso bien definido podrás lograrlo.

Cuando llegas a la conclusión de que ya la relación dio lo que tenía que dar, que ya no vas a encontrar el equilibrio en ella, entonces aceptas que ya has sufrido lo suficiente como para entender que no es ahí donde deseas estar que las expectativas que tienes de la relación y de la pareja están muy alejadas de la realidad y por consecuencia nunca las vas a poder cubrir es entonces cuando empiezas a poner en marcha las acciones que te llevaran a la felicidad. No te detengas a pensar en tu pareja, no pierdas la concentración en ti, es necesario ir más allá del esfuerzo que estás haciendo para lograrlo, no son acciones por tu pareja, son para recuperarte, recuperar el tiempo perdido y superar el dolor.

Con sinceridad contesta si buscas tu felicidad o quieres

seguirte auto saboteando, porque en muchas ocasiones con la boca se dice una cosa, pero en el comportamiento se hace otra, ser congruente es una de las formas de poner orden tu vida, mereces ser feliz y para ello tienes que entender que una relación tóxica jamás te permitirá serlo, no es tu culpa, no depende de ti y no basta con que tú luches, la palabra pareja significa que debe ser en la misma proporción de ambas partes, si alguno no jala parejo entonces la relación no va a prosperar.

El propósito de tener alguien a tu lado debe ser el de ser felices, complementarse y enriquecerse, nunca por miedo a la soledad, si el propósito no se cumple entonces nos enganchamos en una situación tan dañina que puede terminar muy mal. Tener amor es compartir afinidades, apoyo mutuo, escucharse ayudar a superar los defectos y problemas de la otra parte. El amor sincero, puro, sano y duradero si existe, pero es necesario saber encontrarlo, moldearlo y cultivarlo. La comunicación es una de las bases importantes del amor, y esta se construye a cada instante. El tiempo también se debe considerar, en los días modernos es común que se empiecen las relaciones muy pronto, no estamos en una película en la que al día siguiente que se conocen amanecen juntos y viven felices por siempre, hay que conocerse lo suficiente permitirse experimentar convivencias juntos en todos los ámbitos de tu vida, para que sea estable se necesita fortalecerse a través de la convivencia diaria de mínimo 8 meses, a partir de esta fecha es cuando empezamos a conocer realmente a la persona de quien nos estamos enamorando, el proceso es simple, los primeros 8 meses deben ser de amistad pura y sincera sin ningún tinte de noviazgo, pasado ese tiempo es cuando podemos empezar a ver con miras a un noviazgo, este tiempo debe oscilar entre el año y los dos años, ya entonces podemos considerar que se conocen y están en la capacidad de decidir si se comprometen para hacer vida juntos y pues el tiempo de planes de boda, por lo que estaríamos hablando de un tiempo aproximado de 3 años.

Encontrar el amor después de una relación tóxica suele ser complicado por eso es necesario buscar ayuda profesional y vivir las etapas de manera adecuada, incluso hasta que el terapeuta autorice que estás preparado se puede iniciar una relación, y se recomienda terapia de pareja antes y durante la relación, para fijar normas y reglas de la relación y asegurarse que ambos están listos para emprender la vida amorosa juntos. El pasado es eso algo que ya paso y aunque suena lógico saberlo es muy común hablar del pasado cuando es algo que está presente, está haciendo daño y no deja avanzar, por lo tanto, si aún afecta en el presente aun no es parte del pasado. Pasar la página es importante, y significa que vas a cerrar ojos y oídos a todo lo que tenga que ver con tu ex, con la relación y con las actividades juntos, solo de esa forma podrás superar la relación tóxica, y además, es bueno tener comunicación con la nueva pareja hablarle con sinceridad y no ocultarle las situaciones relevantes de tu vida, hay que ser cuidadosos, no son necesarios tantos detalles ni estar hablando de lo mismo durante la relación, se comenta una sola vez que tienes una mala experiencia en una relación tóxica, se platica lo importante y hasta ahí, porque estar recordando y comparando la relación anterior con la actual solo contaminaría la nueva relación, o sea, llevas la toxicidad de la otra vivencia a esta y corres el riesgo que después de ser víctima de una relación dolorosa, ahora te conviertas en victimario y le estés cobrando la factura de tu dolor anterior a la persona que está en el presente y eso es errado, nadie quiere recoger la basura que produce y deja alguien más.

De la relación dolorosa solo hay que aprender a identificar el recuento de daños, los errores propios hay que reconocerlos, aprender de ellos y evitar que vuelvan a suceder, es común que las mismas conductas las seguimos repitiendo pues son patrones armados y si no los rompemos con ayuda profesional tarde o temprano los volveremos a ejecutar, por eso para crear la vida que deseamos tenemos que definir que queremos, como lo queremos, con que contamos, que nos hace falta y como lograr lo que nos hace falta, reconocer esto y detallarlo nos lleva al siguiente paso, asumir el compromiso de crear nuestro proyecto de vida, aquí es donde el educador en competencias juega un papel importante pues es quien nos puede dar el acompañamiento para definir cada uno de los ámbitos de nuestra vida, como desarrollar las herramientas que nos permitirán detalladamente organizar nuestro proyecto y ejecutarlo. Ponerte en acción suena fácil, pero a medida que vas avanzando empiezan a surgir las dificultades y es donde tu terapeuta te ayuda a sostenerte, por eso a partir de este momento contáctame y te acompañaré en el proceso, no necesitas vivir solo/a esto yo puedo ir caminando a tu lado.

Mujer multi facetica, Psicóloga de profesión, con maestría en educación basada en competencias, investigadora de la mente, las emociones, la conducta y el comportamiento humano, con pruebas realizadas en varios países, escritora del libro Si tu amor te aprieta no es de tu talla, conferencista, tallerista, terapeuta, luchadora social por la equidad de Género, ha trabajado en varios movimientos en pro de la ayuda a la mujer, como lo es el albergue de mujeres maltratadas del Movimiento de Asistencia a la Mujer Veracruzana Ac.

Estudios

- Año 2023 - Seminario en educación superior
- Año 2022 - Seminario en Educación Superior | Universidad Nacional Autónoma de México.
- Año 2021 - Seminario en Educación Superior | Universidad Nacional Autónoma de México.
- Año 2020 - Seminario en Educación Superior Universidad | Nacional Autónoma de México.

- Año 2016 - 19 - Maestría en Educación Basada en competencias | Universidad del Valle de México, Campus Villahermosa.
- Año 2016 - Licenciatura en Psicología - Universidad del Valle de México, Campus Villahermosa.

www.ingramcontent.com/pod-product-compliance
Lightning Source LLC
Chambersburg PA
CBHW051047250726
48656CB00001B/188